물어보기 부끄러워 묻지 못한

재무제표
상식

물어보기 부끄러워 묻지 못한
재무제표상식

초판 1쇄 인쇄 2024년 3월 4일
초판 1쇄 발행 2024년 3월 11일

지은이   이병권
펴낸이   이종두
펴낸곳   (주)새로운 제안

책임편집   엄진영
본문디자인   프롬디자인
표지디자인   프롬디자인
영업   문성빈, 김남권, 조용훈
경영지원   이정민, 김효선

주소   경기도 부천시 조마루로385번길 122 삼보테크노타워 2002호
홈페이지   www.jean.co.kr
쇼핑몰   www.baek2.kr(백두도서쇼핑몰)
SNS   인스타그램(@newjeanbook), 페이스북(@srwjean)
이메일   newjeanbook@naver.com
전화   032) 719-8041
팩스   032) 719-8042
등록   2005년 12월 22일 제386-3010000251002005000320호
ISBN   978-89-5533-650-4 (03320)

회계의 기본 개념부터 재무제표로 회사를 파헤쳐보기까지
누구도 알려주지 않았던 재무제표 상식 A to Z

물어보기 부끄러워 묻지 못한

재무제표 상식

이병권 지음

새로운제안

어느덧 재무제표가 "상식"인 시대에 살고 있다

　재무제표에 대한 대부분 사람들의 생각은 "어렵고 복잡하다"는 것이다. 알고 싶지만 다가가기에 너무 부담스럽고 어렵게 느껴져 스스로 포기하는 것이 일반적이다.

　투자자로부터 자금을 모아 이를 기반으로 사업성과를 내고, 그 성과를 투자자인 주주에게 환원하는 기업시스템은 우리가 살아가는 자본주의 경제의 핵심축이다. 과거 산업화 초기만 하더라도 우리나라 기업은 성장에 필요한 투자금이 필요해도 이를 조달하기가 어려웠지만, 지금은 국민소득증가로 인해 많은 사람들이 자신이 번 돈을 기업에 투자하고 있다. 아무리 소액주주라고 하더라도 주주가

된다는 것은 곧 그 기업의 주인이 되는 것이며, 기업성과를 나눠 받을 수 있는 자격을 갖는다는 의미다.

최근 우리나라에서 투자인구가 급증하게 된 배경은 이제 더 이상 노동으로는 재산증식이 어렵다는 인식 때문이다. 부동산가격 상승 등 전반적인 인플레이션에 따라 노동의 가치가 예전보다 많이 추락한 것은 사실이다. 그 대신 내가 가진 돈을 일하게 만들고 그 성과를 나눠 받기 위해 우량기업 주식에 투자하는 것이 대안이 되고 있다. 배당금으로 생활비의 일부를 충당하는 FIRE족Financial Independence Retire Early이라는 신조어까지 등장했다. 한마디로 내 돈을 성장가능성이 있는 우량기업에 실어서 한 배를 타고 같이 항해하는 것이다. 문제는 "어떻게 우량기업을 가려낼 것인가?"인데, 그 해답을 풀어주는 첫 단추가 재무제표다.

투자에는 단기투자와 장기투자가 있다. 단기투자는 수시로 사고 파는 트레이딩Trading 투자를 말하는 것으로서 해당 기업의 내재가치 와는 전혀 상관없이 매일의 수급상황에 따른 주가변동을 보고 매매 하는 투자를 말한다. "내리면 사고, 오르면 팔면 된다"고 쉽게 말하 지만 매매타이밍을 올바르게 포착하기는 결코 쉽지 않다.

장기투자는 재무상태와 수익성 및 성장성, 나아가 기술력이 뛰 어난 기업에 장기간 투자하는 것을 말하는데, 장기투자를 위해서는 투자할 기업의 펀더멘탈Fundamental, 즉 내재가치를 반드시 확인해야 한다. 이른바 해당기업의 가치에 투자하는 것인데, 이 또한 쉽지는 않다. 사업 자체가 리스크Risk이므로 기업은 늘 불확실성에 노출돼 있다. 따라서 기업실적과 성장률이 매년 일정하지 않고 변덕을 부리는데, 이에 따라 투자심리도 흔들릴 수밖에 없다. 그런데 지난 30년간 10배 이상 오른 강남아파트도 매년 오르기만 한 것은 아니며 상승기와 하락기를 반복하면서 지금까지 온 것이다.

투자한 마음이 흔들리지 않고 장기 투자할 수 있게 잡아 주는 가장 큰 버팀목은 투자한 기업에 대한 신뢰와 믿음이며 그 바탕은 투자한 기업의 군건한 펀더멘탈이다.

재무제표는 "기업설명서", 이 책은 "기업설명서 100% 활용법"이다.

재무제표는 기업의 펀더멘탈을 보여주는 보고서로서 투자자에게는 매우 중요한 일종의 기업설명서와 같다. 그런데도 상당수의 투자자들은 자신이 투자하는 기업의 사업내용, 사업특성과 미래 성장성은 물론 사업리스크도 전혀 모른 채 투자한다.

주주가 된다는 것은 곧 그 기업을 소유하는 것인데, 마트나 홈쇼핑에서 몇 십만 원짜리 제품을 살 때도 가성비를 포함해서, 이것저것 따져보고 사면서 더 많은 돈으로, 게다가 위험하기까지 한 기업 주식을 살 때는 대충 결정하는 경우가 매우 흔하다. 그 이유는 단지 제품설명서와 달리 기업설명서는 아무리 봐도 잘 모르겠다는 것 때문이다.

재무제표는 우리가 갖고 있는 선입견처럼 대단히 어렵기만 한 것은 아니다. 투자자들은 복잡한 회계과정을 알 필요가 없으며, 단지 재무제표에 나오는 숫자의 의미만 제대로 알면 된다. 숫자를 통해 사업성과와 위험을 체크함으로써 투자할만한 가치가 있는지, 아니면 절대 투자해서는 안될 기업인지 가려낼 수 있는 최소한의 안목만 갖추면 된다.

주식투자자가 1,400만 명으로 증가하고 사업자가 800만 명에 육박하면서 재무제표는 이제 누구나 기본쯤은 알아야 하는 상식이 됐다. 이 책은 기업설명서를 보고 판단하는 방법을 알려주는 것이며 아무쪼록 재무제표를 통해 좋은 기업과 나쁜 기업을 가려낼 수 있는 혜안과 통찰력이 생겼으면 한다.

저자 **이병권**

CHAPTER

 3

재무상태표의 부채로
어떤 빚이 얼마나 있는지 본다

CHAPTER

재무상태표의 자본으로
순자산이 얼마인지 본다

CHAPTER

손익계산서의 수익으로
회사가 덩치값을 하는지 본다

CHAPTER

손익계산서의 비용으로
핵심비용이 무엇인지 본다

CHAPTER

1

재무제표
기본 개념

재무제표가 뭔가요?

재무제표는 기업의 얼굴이며 건강진단서다

기업의 목표는 사업활동으로 돈을 버는 것이다. 사업활동이란 투자자로부터 사업에 필요한 돈(자본)을 조달하고 이 돈으로 취득한 각종 사업용자산을 운용해서 이익성과를 내는 것이며 이 경우 사업에 들어간 돈을 **자본**이라고 한다.

사업자본은 **자기자본**(자본)과 **타인자본**(부채) 두 가지 형태로 조달되는데, 자기자본은 회사의 주인인 주주로부터 출자금으로 받은 돈이다. 하지만 사업에는 많은 돈이 필요하므로 자기자본만으로는 부족하다. 그래서 모자라는 자금을 은행 등으로부터 빌리게 되는데, 이를 남의 돈이라는 뜻에서 타인자본이라고 한다.

결국 사업자본은 주주 돈과 채권자 돈으로 구성되는데, 돈을 투자하는 주주와 채권자를 합쳐서 **투자자**라고 한다. 회사의 모든 자산은 이 두 가지 자본으로 채워진다. 회사가 보유하는 예금 등의 금융자산이나 토지, 건물, 차량, 기계, 장비, 재고자산 등 모든 자산은 투자자로부터 받은 돈으로 산 것이다. 투자자들은 자신이 투자한 돈이 어떻게 사용되고 있는지, 성과를 잘 내고 있는지 늘 궁금해 할 것이다.

재무제표는 투자받은 돈이 어떻게 사용되고 있으며 매년 어떤 성과를 내고 있는지 보여주기 위해 만드는 것으로, 투자자들은 재무제표에 나오는 숫자를 통해 이미 투자한 기업 또는 앞으로 투자할 기업의 재무상태와 사업성과를 파악할 수 있다.

재무상태표Balance Sheet는 매년 결산일을 기준으로 기업이 가지고 있는 자산 및 부채와 자본의 잔액을 보여주는 재무제표로, 결산일 현재 자산에서 부채를 차감한 **순자산(자본)**이 얼마인지 보여준다. 기업의 재무상태는 해마다 변하게 되는데, 가장 큰 변동요인은 사업성과다. 사업성과에 따라 이익이 발생하면 그만큼 자산이 늘거나 부채가 줄어들어 순자산이 증가하지만, 손실이 발생하면 반대로 순자산이 감소한다.

손익계산서Income Statement는 1년 동안의 사업성과를 보여주는 재무제표로, 1년 동안 달성한 수익총액에서 비용총액을 빼서 **이익성과**를 계산한 것이다. 해마다 발생한 순이익은 기업의 순자산 증가로 이어져 이런 기업은 갈수록 자기자본이 증가하는 우량기업이 되지만, 순이익이 나오지 않는 기업은 갈수록 순자산이 감소하고 부채가 늘어나면서 이른바 부실기업으로 전락하게 된다.

재무제표를 기업의 얼굴이라고 하는 이유는 재무제표는 1년 동안 기업이 얼마나 성과를 냈으며, 당기말 현재 갖고 있는 자산과 부채규모 등 재무상태가 어떤지를 숫자로 보여주기 때문이다. 또한 이를 통해 기업이 얼마나 건강한지 알 수 있기 때문에 기업의 건강 진단서라고도 한다.

기업의 얼굴인 재무제표를 보고 기본적인 건강 정도를 파악하려면 우선 회사가 갖고 있는 총자산을 통해 얼마나 많은 자본이 사용

● 사업자본과 이익성과의 관계

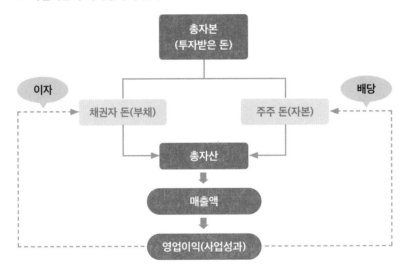

되고 있는지 봐야 한다. 자본은 투자자로부터 받은 돈인데 이에 대해서는 이자와 배당으로 보상을 해야 하기 때문에 이를 지급할 수 있는 사업성과, 즉 영업이익이 충분히 나와야 한다. 이 경우 자본이 많이 투자된 회사일수록 그에 비례해서 더 많은 영업이익을 달성해야 한다. 그런데 충분한 영업이익을 달성하기 위해서는 우선적으로 매출이 많이 나와야만 한다. 매출 없이는 이익을 기대할 수 없기 때문이다. 이렇게 재무제표에서 총자산과 매출액, 영업이익만 들여다봐도 기본적인 회사의 건강상태를 진단해볼 수 있다.

재무제표가 왜 필요할까?

투자자의 가장 큰 고민은 "뭘 보고 투자할 거냐?"이므로 기업의 이익성과와 재무상태의 변동은 투자자에게 매우 중요한 관심사다.

주주는 회사가 이익을 많이 내야 주가가 상승하고 배당금도 두둑히 받을 수 있다. 따라서 해당기업의 수익성과 미래성장성을 보고 투자하게 되는데, 이런 것들을 판단하기 위해서는 해당 기업의 재무정보(재무상태는 건강한지? 해마다 이익은 잘 내고 있는지? 성장가능성은 어느 정도인지?)가 반드시 필요하다. 만약 이런 평가에 필요한 재무정보가 없다면 어떤 의사결정도 할 수 없을 것이다. 설령 한다고 하더라도 매우 위험하고 무모한 판단이 될 수 있으며 잘못 투자한 주주는 투자 이후에 큰 손실을 볼 수도 있다.

은행은 돈을 빌려주고 이자를 받는데, 대출의사결정은 물론 금리 결정과 관련하여 해당기업의 상환위험을 평가할 때 재무정보가 필요하다. 이렇게 모든 투자자들에게 기업의 재무정보는 반드시 필요하다.

따라서 상법상 모든 주식회사는 의무적으로 재무제표를 작성해야 하는데, 이는 투자자의 투자결정과 판단을 도와주기 위한 것이다. 회사의 입장에서도 자금조달을 위해서는 투자자에게 재무제표를 보여줘야만 기업자금을 원활하게 조달할 수 있다. 뿐만 아니라, 기업은 매년 벌어들인 이익성과에 대해 법인세를 신고하고 내는데, 이 때 법인세 계산의 근거가 된 손익계산이 맞는지를 보여주기 위해 국세청에 재무제표를 제출해야 한다.

결국 재무제표는 회사의 재무적인 상황이 궁금한 모든 이해관계자에게 궁극적으로는 "보여주기 위해 만드는 것"이라고 보면 되는데, 가장 큰 목적은 기업자금을 조달하기 위해 투자자에게 보여주기 위한 것이다.

재무제표만 보면
좋은 회사와 나쁜 회사를 구분할 수 있다

재무제표의 가장 큰 기능은 투자할 만한 회사와 투자하지 말아야 할 회사, 즉 좋은 회사와 나쁜 회사를 구분해 주는 것이다. 투자할만한 가치가 있는 회사는 해마다 이익성과가 잘 나오는 기업인데, 이익이 대충 나와서는 안되고 사업에 투자된 자본에 비례하여 충분한 이익이 나와야 한다. 자본이 100억 원인 회사라면 자본이 50억 원인 회사보다 이익이 2배는 더 나와야 정상인 것이다.

이렇게 사업자본 대비 이익성과가 높은 기업을 우량기업이라고 하는데, 자본은 가급적 적게 들어가고 이익은 최대한 많이 나오는 기업이 가장 좋다. 자본의 성과가 충분히 나온다는 것은 사업에 투자된 돈, 즉 자산이 열심히 일했다는 증거이고, 이런 기업은 재무상태도 매우 양호할 수밖에 없다. 해마다 충분한 이익이 발생하면 시간이 갈수록 부채는 줄어들고 순자산은 팽창하여 안정성도 높아지고 기업가치, 즉 주주가치도 높아지게 된다.

이와 반대로 자본은 많이 들어갔음에도 불구하고 돈이 제대로 성과를 못내서 이익이 적거나 손실인 경우에는 빌린 돈에 대한 이자를 못내거나 주주몫의 이익도 없는데, 이런 기업은 시간이 갈수록 자기자본은 줄어들고 부채는 늘어날 수밖에 없다.

사업의 미래는 매우 불확실한 것이므로 기업에 투자하는 것은 곧 위험에 투자하는 것과 마찬가지다. 그러므로 투자에 앞서 해당 기업의 수익성과 성장성 등을 따져봐야 하는데, 이런 모든 것들을 보여주는 것이 재무제표다. 재무제표도 보지 않은 채, 해당기업이 무슨 회사인지? 재무건전성은 어느 정도인지? 사업성과는 잘 나오는지? 부실화될 가능성은 없는지? 등을 따져보지도 않고 깜깜이 투자를 했을 때 어떤 불행한 결과가 초래될지는 누구라도 쉽게 예상할 수 있다.

재무제표를 보면 해당 기업의 모든 재무적 상황이 숫자로 표시되고 사업부실의 경우에는 그 원인도 드러나게 된다. 투자자는 그 원인분석을 통해 투자를 계속 할지, 아니면 투자금을 회수할지 현명하게 판단할 수 있게 된다.

● 우량기업이 되기 위해서는 돈(자본)의 성과가 좋아야 한다

항목	A기업	B기업
① 순이익	36억 원	20억 원
② 총자본	1,200억 원	400억 원
총자본순이익률(= ① ÷ ②)	3%	5%

▲ 이익성과금액은 A기업이 많지만, 투자된 돈이 너무 많아 총자본 대비 수익성이 낮다. 반면에 B기업은 투자된 돈에 비해 이익성과가 많아 총자본 대비 수익성이 높은 기업이다.

재무제표는 5가지 큰 항목으로 구성된다

자산, 부채, 자본, 수익, 비용의 의미

재무제표 중 가장 대표적인 것이 재무상태표와 손익계산서다. 재무상태표에는 자산, 부채, 자본이 표시되고 손익계산서에는 수익과 비용이 표시되는데, 각각의 의미를 알아보자.

❶ 자산

재무상태표에는 결산일 현재 회사가 갖고 있는 모든 자산·부채·자본의 과목과 금액이 표시된다. 자산은 현재 갖고 있는 현금을 포함해서 지금은 돈이 아니지만, "미래에 돈이 될 수 있는 모든 것"이라고 생각하면 된다. 예금, 유가증권, 매출채권 등 금융자산과 재고자산, 부동산, 기계, 차량 등 형체가 있는 것이 대부분이지만, 형체가 없는 특허권이나 심지어 미래에 돈이 될 가능성이 매우 높은 기술자산 같은 무형자산도 포함된다. 개인들이 갖고 있는 자산은 대부분 부동산 및 예금 등 금융자산으로 비교적 단순한데 비해 기업은 사업활동을 위해 다양한 자산을 갖고 있다.

자산은 처분이나 회수를 통해 바로 현금화할 수도 있지만, 대부분은 사업활동을 통해 미래 수익을 얻는데 사용된다. 즉, 자산은 미래 수익의 기반이 되는 것으로서 기업의 이익성과는 모든 자산의 운용성과다. 따라서 기업자산이 놀지 않고 얼마나 열심히 일했는가에 따라 이익성과가 달라진다.

자산에 투자된 모든 자금은 남의 돈(부채)이거나 주주의 돈(자기자본)으로 조달된 것이므로 반드시 이익성과를 내서 투자금 사용에 대해 충분한 보상(이자와 배당지급)을 해야 한다.

❷ 부채

부채는 누군가에게 갚아야 할 빚으로서 "미래에 나갈 돈"이라고 보면 된다. 차입금은 은행에, 매입채무는 거래처에 갚아야 할 돈이다.

미래에 부채를 상환하기 위해서는 반드시 돈이 나가는 등 기업자산이 유출돼야 하므로 당연히 부채(나갈 돈)보다는 자산(들어올 돈)이 더 많아야 한다. 만약 자산보다 부채가 더 많다면 순자산인 자기자본이 마이너스(-)인 상태인데, 이는 실질적으로 부채 모두를 갚을 수 없는 지급불능상태라는 뜻이다.

❸ 자본

자본은 자산에서 부채를 차감한 잔액으로 순자산에 해당하며, 주주자본이라는 의미로 자기자본이라고도 하는데 재무상태표에서는 이를 자본총계라고 표시한다. 이에 따라 재무상태표상 자본총계는 자산총계에서 부채총계를 차감한 금액으로 표시된다.

예를 들어 어떤 사람이 자기 돈 4억 원에다 은행에서 대출받은 3억 원을 보태 7억 원의 아파트(자산)를 취득했다면 총자산은 7억 원이지만, 부채를 제외한 순자산은 4억 원인 셈이다. 이 경우 총자산 7억 원은 부채 3억 원과 자기자본 4억 원의 합계이며, 재무상태표에서는 다음과 같은 등식이 성립된다.

> 자산(총자산) = 부채(남의 돈) + 자본(자기 돈)
> 자산(총자산) - 부채(남의 돈) = 자본(순자산 또는 자기자본)

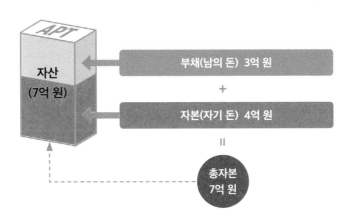

▲ 아파트자산 7억 원 중 부채가 3억 원이므로 내 순자산은 4억 원이다.

순자산은 총자산 중 부채를 제외한 주주몫을 의미하므로 이 크기가 결국 기업가치를 좌우한다. 그런데 흔히 말하는 **기업가치**란 주식시장에서 거래되는 주식의 **시가총액**을 말하는데, 재무상태표의 자본은 장부상 기업가치에 불과하므로 시가총액과는 차이가 있다.

예를 들어 어떤 상장기업의 자산총액이 1,000억 원이고 부채총액이 600억 원이라면 자본(순자산)은 400억 원인 셈이다. 그러나 이는 단지 장부상 금액일 뿐, 주식시장에서 거래되는 시가총액은 400억 원보다 높을 수도 있고 낮을 수도 있다.

장부상 자기자본보다 시장가치가 더 높은 기업은 해당 기업의 미래 수익성과 성장성이 좋아 현재 주가에 낙관적으로 선반영된 결과이며, 장부상 자기자본보다 시장가치가 오히려 더 낮은 기업은 해당 기업의 미래 수익성과 성장성이 좋지 않아서 현재 주가에 비관적으로 선반영된 결과다.

● PBR은 시장가치(가격)와 순자산(성능)의 가성비를 보여주는 지표다

항목	A기업	B기업
① 시가총액	600억 원	300억 원
② 자기자본	400억 원	400억 원
PBR(= ① ÷ ②)	1.5	0.75

▲ A기업은 갖고 있는 순자산금액에 50%의 프리미엄이 붙어서 거래되고 있는 반면, B기업은 25%나 할인되어서 거래되고 있다. 그 이유는 두 회사의 미래 수익성과 성장성의 차이 때문이다.

잠깐! ## PBR은 기업의 가성비를 자본으로 따져보는 것이다

가진 재산이 많은 사람을 부자라고 하듯이 보유재산이 많은 기업을 우량기업이라고 하고 보유재산이 적거나 아예 없는 기업을 부실기업이라고 할 수 있다. 여기서 재산이란 순재산을 말하는 것인데, 그 이유는 보유재산이 10억 원이어도 전부 다 은행 빚이라면 아무 의미가 없기 때문이다.

 회사도 마찬가지다. 회사의 자산이 전부 다 주주의 것은 아니다. 자산금액 중 채권자에게 갚아야 할 부채를 뺀 금액이 주주의 재산이면서 기업가치를 나타내는 지표다. 재무상태표의 자본총계가 이에 해당한다.

 그런데 자본이 똑같이 500억 원이라고 하더라도 시장에서 거래되는 두 회사의 주가는 다르다.

PBRPrice Book-value Ratio(주가순자산비율)이란 회사 주식의 시가총액(P)을 자본(B)으로 나눈 비율로서 시가총액(가격)과 회사가 갖고 있는 순자산(성능)을 상대적으로 비교해서 주가의 고평가 또는 저평가여부를 따지는 지표다. 물건을 구매할 때 가성비(가격/성능)를 따지듯이 주식을 살 때도 기업가치와 그 기업의 성능(순자산규모)을 비교해서 투자여부를 판단하는 것이다. 만약 자본이 500억 원인 기업의 시가총액이 1,000억 원이라면 PBR은 2배, 시가총액이 250억 원이라면 PBR은 0.5배가 된다.

만약 PBR이 1배 이하라면 회사의 주가가 순자산에도 못 미친다는 뜻으로 일반적으로 저평가됐다고 판단한다. 반대로 PBR이 아주 높다면 회사의 순자산에 비해 주가가 고평가된 것으로 본다. 그러나 여기에도 함정이 있다. 가격이 싼 것은 다 그럴만한 이유가 있다는 것인데, 주가는 미래를 선반영하는 것이며 결코 지금의 순자산크기만으로 결정되는 것이 아니다.

아파트분양권거래에도 미래 가치에 대한 프리미엄이 붙듯이 시장에서 거래되는 주가에도 기업의 미래가치에 대한 프리미엄이 붙는다. 이 경우 정상적으로 쑥쑥 커나가는 성장기업이라면 현재 갖고 있는 순자산에 프리미엄이 붙는 것이 너무나도 당연하다. 따라서 PBR이 1배를 넘는 것은 미래의 수익성과 성장성에 따른 기업가치 상승이 미리 반영된 결과로 봐야 한다.

그러나 회사의 수익전망이 불투명하고 장기적인 지속가능성이 불확실하다면 지금 아무리 많은 순자산을 갖고 있다고 하더라도 PBR은 높게 형성되지 않는다. 이런 경우에는 프리미엄이 붙기는커녕, 오히려 마이너스(-) 프리미엄이 형성돼 오히려 주가가 현재의 순자산보다도 낮을 가능성이 높다.

결국 기업의 시장가치결정에 있어서 현재의 순자산가치보다는 미래의 자산가치, 즉 수익(손익)가치가 더 우선하며, 주주에게는 현재 재무상태표의 순자산가치보다 손익계산서의 수익성과 성장성이 더 중요하다.

❹ 수익

손익계산서는 1년 동안 회사가 달성한 수익과, 수익을 얻기 위해 들어간 비용 그리고 수익에서 비용을 차감한 이익성과를 보여준다. 수익이란 매출액과 같은 영업수익과 이자수익, 배당금수익과 같은 금융수익 및 기타수익으로 구분된다. 손익발생의 결과는 그대로 재무상태의 변화, 즉 자산·부채의 변동으로 이어지는데, 수익은 돈을 버는 과정이므로 수익이 발생하면 회사 자산이 증가하거나 부채가 감소한다.

❺ 비용

비용이란 수익을 얻기 위해 사용된 자산으로서 그 내용에 따라 매출원가, 판매비와관리비 같은 영업비용과 이자비용과 같은 금융비용 및 기타비용으로 나누어진다. 비용은 돈을 쓰는 과정이므로 비용이 발생하면 회사 자산이 감소하거나 부채가 증가한다.

따라서 수익에서 비용을 차감한 순이익은 1년 동안 발생한 자산의 순증가액을 의미하며, 그대로 재무상태표의 자본으로 흘러 들어가 순자산을 증가시키게 된다.

예를 들어, 작년말 현재 총자산이 100억 원이고 부채가 60억 원인 기업에서 올해 수익이 120억 원이고 비용이 110억 원이 발생했다면 순이익은 10억 원인 셈인데, 이는 한 해동안 순자산이 10억 원 증가했음을 뜻하며 재무상태표의 자본(순자산)은 작년 말 40억 원에서 올해 말 50억 원으로 늘어난 것으로 표시된다.

결국 손익계산결과인 이익성과에 따라 재무상태가 달라지며, 자본(순자산)을 키워주는 핵심적인 동력은 순이익성과다. 즉, 기업가치(주주가치)가 상승하기 위해서는 매년 꾸준히 순이익이 나와야 함을 알 수 있다.

● 매년 이익성과(순이익) 만큼 순자산이 증가한다

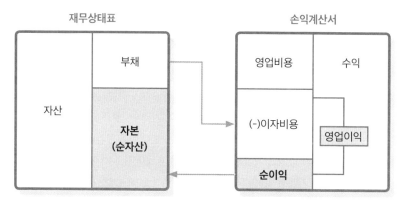

▲ 사업자본은 부채와 자본으로 구성되는데, 매년 사업성과인 영업이익으로 돈을 빌려준 채권자에게 이자가 우선 지급되고, 남은 순이익은 주주몫이므로 자본으로 축적되면서 기업의 순자산이 증가한다.

잠깐! **PER은 기업의 가성비를 순이익으로 따져보는 것이다**

현재 주가의 적정성을 따지거나 미래의 주가를 추정할 때 사용되는 지표로 PER^{Price Earning Ratio}(주가이익비율)이라는 지표가 있는데, 이는 기업의 주식의 시가총액(P)을 당기순이익(E)으로 나눈 비율값이다.

물건을 구매할때 가성비(가격/성능)를 따지듯이 주식을 살 때도 기업가치와 그 기업의 성능(수익력)을 비교해서 투자여부를 판단하는 것이다. PER이 낮을수록 기업의 성능인 수익성에 비해 주가가 싸다는 뜻으로 투자메리트가 있다는 것이다.

일반적으로는 순이익의 10배를 기업가치로 평가한다. 예를 들어 어떤 기업의 당기순이익이 500억 원이라면 기업가치는 5,000억 원으로 평가된다. 기업가치는 기업이 벌어들일 수 있는 미래이익의 현재가치인데 현재가치로 평가할 때 적용하는 할인율이 주주의 기대수익률이다. 즉, 주주의 기대수익률이 10%라면 순이익을 1/10로 나눈 금액이 기업가치인 셈인데 이는 결국 순이익의 10배로 기업가치가 매겨짐을 의미한다. 주식에 투자하는 것은 은행예금보다 위험하므로 주주가 회사에 원하는 기대수익률은 은행금리보다는 당연히 높아야 하는데, 보통 이를 10%로 본다. 이렇게 주주의 기대수익률을 미래 순이익의 할인율로 사용하는데, 이는 사업위험에도 정비례한다.

그런데 기업마다 갖고 있는 사업위험의 정도는 제각각 다르다. 사업환경의 불확실성, 재무위험, 시장위험, 업종위험 등 다양한 위험지표별로 천차만별이기 때문에 그에 따라 할인율도 달라진다. 만약 앞의 사례기업이 재무적으로 부실가능성이 있거나 사업환경이 불확실한 기업이라면, 높은 위험에 비례해서 주주가 원하는 기대수익률도 높아진다. 기대수익률이 20%라면 주가는 순이익의 5배인 2,500억 원으로 평가된다. 반대로 우량기업이어서 주주의 위험이 거의 없다고 가정하면 기대수익률이 낮아지면서 주가는 높게 평가될 수 있다. 기대수익률이 5%라면 주가는 무려 20배인 1조 원으로 평가된다. 결국 기업가치를 결정할 때는 수익성뿐만 아니라 해당 기업이 갖고 있는 위험도 같이 고려해야 하며, 이에 따라 동일한 순이익을 내는 기업이라도 시장에서 평가받는 기업가치는 다를 수 있다는 점을 알아야 한다.

그러나 PER이 낮다고 반드시 좋은 것은 아니다. 주가가 저평가된 이유가 장래의 불확실성과 낮은 수익성 때문이라면 절대 저평가된 것이 아니다. 주가는 미래의 실적을 선반영하여 결정되기 때문에 이런 함정에 빠지지 않으려면 PER 계산시 분모의 순이익을 과거가 아닌 미래의 추정이익으로 바꿔넣어야 올바른 가성비를 따져볼 수 있다. 아울러 추정이익에 해당 업종의 평균 PER을 곱하면 주가를 예측할 수도 있다. 예를 들어, 어떤 기업의 예상 순이익이 300억 원이고 업종 평균 PER이 15배라면 적정한 시가총액은 4,500억 원이 된다.

재무상태표는 회사의
체격과 체성분을 나타낸다

재무상태표는 결산일 현재 기업이 갖고 있는 자산과 부채가 얼마인지를 보여주는 재무제표로서 일종의 스냅사진과 같은 것이다. 즉, 결산일(대부분 기업은 12월 31일이다)을 기준으로 전체 자산 및 부채와 자본의 잔액이 얼마인지를 나타낸 보고서다. 회사의 자산총액은 기업의 규모(사이즈)를 나타낸다. 자산이 많다는 것은 기업규모가 크다는 의미 말고도 회사에 투자된 돈이 많다는 뜻이다. 따라서 더 많은 성과를 내야 하는 부담도 있기 때문에 자산규모가 크다고 꼭 좋은 것은 아니다.

재무상태표

삼성전자 주식회사   (단위 : 억 원)

과목	제54(당)기말	제53(전)기말
Ⅰ. 유동자산	590,627	735,534
Ⅱ. 비유동자산	2,010,210	1,775,587
자산총계	2,600,837	2,511,121
Ⅰ. 유동부채	460,860	530,673
Ⅱ. 비유동부채	45,815	48,511
부채총계	506,675	579,184
Ⅰ. 자본금	8,975	8,975
Ⅱ. 주식발행초과금	44,038	44,038
Ⅲ. 이익잉여금	2,043,881	1,887,744
Ⅳ. 기타자본항목	(2,732)	(8,820)
자본총계	2,094,162	1,931,937
부채와 자본총계(총자본)	2,600,837	2,511,121

    자산이 몸집(체격)이라면 자산에 투자된 돈의 원천, 즉 부채와 자본은 몸의 성분(체성분)을 의미한다고 보면 된다. 자본은 자기(주주) 돈이므로 매우 건전하고 부담이 없어 몸의 근육과도 같다. 사업초기에는 주주의 출자금이 자본의 전부였지만, 그 이후 매년 벌어들인 순이익이 자본으로 들어가게 되는데, 출자금뿐만 아니라 이후 발생된 이익금 모두 주주 스스로 만든 것으로서 몸의 건강한 근육에 비유할 수 있다.

    그러나 부채는 남(채권자)의 돈이므로 매우 위험해서 일종의 지방과도 같다. 근육에 비해 지방이 많으면 건강이 위협받는 것처럼 회사도 자본에 비해 부채가 지나치게 많으면 위험하다.

따라서 재무상태표에서 가장 중요한 것이 부채와 자본의 금액적 균형Balancing인데, 이를 나타내는 지표가 부채비율이다. **부채비율**Debt Ratio은 부채를 자본으로 나누어 산출한다. 만약 부채가 80억 원이고 자본이 40억 원이라면 부채비율은 200%가 되는데, 이는 미래에 갚아야 할 남의 돈이 자기 돈의 2배라는 뜻이다.

안정성 측면에서 부채비율은 낮을수록 좋다. 이 균형이 잘 잡힌 기업, 즉 부채비율이 낮은 기업은 안전한 기업이지만 부채비율이 높은 기업은 위험한 기업으로 본다.

부채비율 이외에도 재무상태표를 보면 기업이 당기말 현재 갖고 있는 모든 자산과 부채, 자본항목이 금액적으로 균형을 잘 이루고 있는지 파악할 수 있으며 이를 통해 기업의 재무적인 안정성을 평가할 수 있다.

● 체격(자산)이 좋아도 체성분(부채와 자본)이 나쁘면 위험하다

항목	A기업	B기업
① 부채	800억 원	300억 원
② 자본	200억 원	300억 원
총자본(= ① + ②)	1,000억 원	600억 원
부채비율(= ① ÷ ②)	400%	100%

▲ 기업규모는 A기업이 더 크지만, 자본의 구성은 B기업이 더 건강하다.

손익계산서는 회사의 기초체력을 보여준다

손익계산서는 한 해동안 기업이 얼마나 매출 등 수익을 달성했으며 비용을 차감한 이익성과가 얼마인지를 과목별로 상세하게 보여준다. 이걸 보면 해당 기업의 수익성은 물론 미래 성장성을 파악할 수 있으며 앞으로 기업의 순자산이 얼마나 증가 또는 감소할지 내다볼 수 있다.

손익계산서

삼성전자 주식회사 (단위 : 억 원)

과목	제54(당)기	제53(전)기
Ⅰ. 매출액	2,118,674	1,997,447
Ⅱ. 매출원가	1,525,894	1,358,235
Ⅲ. 매출총이익	592,780	639,212
판매비와관리비	339,587	319,281
Ⅳ. 영업이익	253,193	319,931
금융수익 및 기타수익	143,106	111,559
금융비용 및 기타비용	99,380	44,446
Ⅴ. 법인세비용차감전순이익	296,919	387,044
법인세비용	42,731	77,335
Ⅵ. 당기순이익	254,188	309,709
Ⅶ. 주당이익(단위 : 원)	3,742	4,559

재무상태표가 일종의 스냅사진으로서 표시된 숫자가 결산일 현

재 자산과 부채의 잔액^{Balance}이라면 손익계산서의 수익·비용 숫자는 한 해동안 발생한 금액의 합계라는 점에서 차이가 있다. 다시 말해, 손익계산서의 숫자는 1월 1일부터 12월 31일까지 발생한 모든 손익거래의 움직이는 동영상 기록이라고 생각하면 된다.

몸의 근육이 만들어지는 원리가 운동성과인 것처럼 기업의 자기자본이 축적되려면, 즉 근육을 키우기 위해서는 해마다 이익성과가 나와야 한다. 이익성과는 투자된 자본에 비례해서 나와야 마땅하므로 자산규모에 걸맞는 매출과 순이익이 나와야 한다. 매년 발생한 순이익은 자본으로 대체되는데, 이렇게 재투자된만큼 자산도 증가하게 된다.

회사의 이익창출력은 사람의 체력과도 같은 것인데, 아무리 체격이 좋다고 하더라도 체력이 약하면 쓸모가 없듯이, 기업에게 가장 필요한 것은 매년 지속적으로 뿜어내는 강력한 이익창출력이다. 그리고 꾸준한 이익창출력에 따라 순자산이 매년 증가하게 된다.

● 순이익에 의해 재무상태가 달라진다

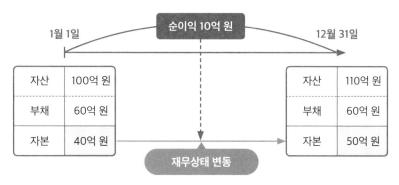

현금흐름표는 돈(혈액)의 순환을 보여준다

현금흐름표Cashflow Statement는 한 해동안 기업에서 현금이 들어오고 나간 내역을 영업활동, 투자활동, 재무활동별로 나누어서 상세하게 보여준다. 이걸 보면 회사가 1년 동안 돈을 어디에서 얼마나 조달하고, 어떤 용도로 얼마나 사용했는지 등 돈의 흐름을 한눈에 파악할 수 있다.

현금흐름표

삼성전자 주식회사 (단위 : 억 원)

과목	제54(당)기	제53(전)기
Ⅰ. 영업활동 현금흐름	447,887	512,500
Ⅱ. 투자활동 현금흐름	(281,210)	(244,352)
Ⅲ. 재무활동 현금흐름	(166,650)	(238,850)
Ⅴ. 현금및현금성자산의 증가(감소)	27	29,298
Ⅵ. 기초의 현금및현금성자산	39,188	9,890
Ⅶ. 기말의 현금및현금성자산	39,215	39,188

손익계산서에 표시된 이익은 한 해동안 그만큼 이익성과가 났다는 것을 숫자로 표시한 것일 뿐, 그만큼 돈Cash을 벌었다는 뜻이 절대 아니다. 그 이유는 손익을 계산할 때 현금이 들어오고 나가는 시점이 아닌 발생시점에서 수익과 비용을 인식하기 때문이다.

예를 들어 제품이나 서비스가 제공되면 일단 매출수익이 발생한 것(그 이유는 상대방에 대한 대금청구권이 확보됐기 때문이다)이므로 회사 수익에 잡히지만, 막상 현금은 입금되지 않고 매출채권만 발생한다. 현금을 아직 받지 못했지만 매출수익이 발생했으므로 수익에는 반영된다. 그런데 만약 매출채권이 회수되지 않는다면 회사 자금사정은 어려워질 수밖에 없다.

이자수익의 경우도 이자는 시간이 지나면서 발생하는 것이므로 은행예금의 만기가 아직 안돼서 이자를 못 받았다고 하더라도 기간 경과분에 대한 이자를 모두 당기의 수익에 포함시킨다. 이런 손익계산법을 **발생주의**라고 하는데, 이에 따라 손익계산서의 이익^{Income}과 영업활동으로 번 돈^{Cashflow}은 거의 대부분 일치하지 않는다.

이익도 중요하지만 현금흐름은 훨씬 더 중요하다. 현금이 없으면 차입금의 원리금상환뿐만 아니라 주주배당금 지급도 불가능해서 투자자로부터 지속적인 투자를 받기 어렵기 때문이다.

따라서 이익창출력이 기업의 근육를 키워주는 기초체력이라면 돈의 순환을 보여주는 현금흐름은 몸의 혈액순환과 같다. 평소 체력이 좋은 사람도 혈관에 문제가 생기면 생명에 지장이 있듯이 기업도 돈의 흐름이 원활하지 못하면 부도나 파산 등 사망선고를 받게 되므로 현금흐름이 매우 중요하다.

● 이익보다 돈의 순환흐름이 더 중요하다(현금흐름표)

항목	금액	비고
① 영업활동으로 인한 현금흐름	150억 원	사업활동으로 회사가 실제로 번 돈
② 투자활동으로 인한 현금흐름	(280억 원)	사업 및 비사업자산 투자에 쓴 돈
③ 재무활동으로 인한 현금흐름	200억 원	차입이나 증자로 조달한 남의 돈
④ 현금증가액(= ① + ② + ③)	70억 원	1년 동안 현금증가액
⑤ 기초(전기말)현금잔액	30억 원	작년말에 갖고 있던 돈
⑥ 기말(당기말)현금잔액(= ④ + ⑤)	100억 원	올해말에 갖고 있는 돈

▲ 1년 동안 70억 원의 현금이 증가해서 당기말 현재 100억 원의 현금을 보유하고 있는데, 어떤 원인으로 현금이 증가하고 감소했는지 알 수 있다.

 **주식투자를 위한 꿀팁!**

기업보다 더 중요한 것이 산업(업종)이다

주식을 사는 이유는 투자금에 대해 배당금을 받거나, 주가가 낮을 때 사서 높을 때 팔아서 시세차익을 얻기 위함이다. 이 두 가지 목적을 모두 달성하려면 투자한 기업이 성과, 즉 이익을 내야만 한다.

그러나 재무제표에 표시된 이익은 이미 지나간 과거의 성과이고 이는 현재 주가에 이미 반영된 것이라 별 의미가 없다. 결국 투자자는 투자할 기업의 향후 이익성과를 내다보고 투자해야 하는데, 미래는 과거의 연속이므로 최근 수년간의 이익성과추이와 매출확장성을 통해 미래를 예측할 수밖에 없다.

특히 주가상승에 강한 모멘텀Momentum으로 작용하는 것은 미래 성장성이다. 이미 한물간 산업보다는 미래 성장이 예상되는 산업에 투자해야 한다. 성숙단계에 진입해서 더 이상 성장가능성이 없는 기업보다는 앞으로 매출과 이익이 성장할 가능성이 있는 기업일수록 주가상승률이 훨씬 높다. 따라서 좋은 기업을 고르기 이전에 좋은 산업(업종)을 잘 선택해야 한다.

개별기업을 배라고 하면 그 배가 운항 중인 바다는 산업에 비유할 수 있다. 아무리 배가 잘 운항하더라도 바다 자체가 거친 바람과 파도에 휩싸인 레드오션Red Ocean이라면 배가 버텨내기 힘들 것이다.

투자할 기업의 사업특성과 시장환경 및 매출구조, 향후 사업전망 등 고급정보는 분기별로 공시하는 사업보고서에 잘 나타나 있으므로 이를 반드시 확인해야 한다. 또한 사업에는 반드시 리스크Risk가 따르기 마련인데, 동일한 이익성과를 내더라도 사업위험이 클수록 주가는 떨어질 가능성이 높으므로 투자할 기업의 사업리스크가 어느 정도인지도 확인해야 한다.

상장기업과 비상장기업의 재무적 차이점

　회사가 계속 성장해서 규모가 커지면 상장하고 싶은 욕구가 생긴다. **상장**上場이란 시장에 올린다는 뜻인데, 해당기업의 주식을 주식거래시장인 한국거래소에 올려서 누구나 자유롭게 매매할 수 있도록 하는 것으로 기업공개IPO : Initial Public Offering라고도 한다. 처음으로 상장할 때 산정된 해당 주식의 가격을 **공모가**라고 한다. 공모가는 대부분 상장 당시 순자산가치 외에 미래 이익창출력을 평가하여 결정하기 때문에 장부상의 순자산금액보다 훨씬 높게 매겨진다. 주식을 상장하면 기존 주주는 자신이 보유하던 주식의 일부를 시장에 내놓게 되는데 이때 공모가를 높게 인정받으면 그만큼의 양도차익이 발생한다. 한마디로 기존 주주에게는 엄청난 상장 시세차익이 발생하는 것으로 기업하는 사람이라면 누구나 꿈꾸는 일이다.

신규상장의 재무적 의미는 자기자본의 확충이다. 비상장기업 시절, 보잘것 없었던 자기자본이 일반투자자들의 투자금이 유입되면서 엄청나게 늘게 되고 부채비율은 한순간에 낮아진다. 사업자금의 원천이 은행 같은 채권자 위주의 자금에서 주주자금으로 바뀌는 것이다.

비상장기업과 상장기업의 가장 큰 재무적 차이는 부채비율이다. 비상장기업은 대부분 부채로 기업을 운영하므로 부채비율이 높은 반면, 상장기업은 자기자본이 많기 때문에 비상장기업보다 부채비율이 낮다. 뿐만 아니라 상장을 하면 회사로서는 미래 성장을 위한 투자재원이 마련되고 기업의 대외지명도나 신뢰도도 높아진다.

하지만, 상장이 되면 일반투자자에게는 투자위험이 따르게 되므로 신규상장을 위해서는 엄격한 상장심사를 거쳐야 하는데 기본적으로 영업이익이 계속 나야 하고, 재무상태도 안전해야 하는 등 재무지표가 양호해야 한다.

한국거래소에는 코스피Kospi와 코스닥Kosdaq, 두 개의 시장이 있는데 코스피시장은 코스닥시장에 비해 좀 더 우량한 기업들이 거래되는 곳이다. 어느 시장이나 상장된 기업이 이후 재무적으로 부실화되거나 분식회계 등 투자자의 이익을 침해하는 상황이 발생하면 투자자 보호를 위해 상장폐지조치를 내리게 되는데, 이런 경우 주가하락으로 대부분의 투자자는 피해를 볼 수밖에 없다. 주식투자자가 매 분기마다 공시되는 해당 기업의 재무제표를 주시해야 하는 이유가 여기에 있다.

외부감사 여부에 따라 재무제표가 달라진다

외부감사가 필요한 이유

　재무제표에는 기업의 모든 재무적 상황이 숫자로 표시되므로 투자자들은 재무제표만 보면 해당 기업의 현재 상황을 알 수 있고 이를 통해 미래를 내다볼 수 있는데, 문제는 재무제표의 투명성이다. 만약 재무제표가 허위로 작성되거나 고의로 왜곡되었다면 재무제표를 통한 기업분석과 평가는 아무런 의미가 없을뿐더러, 투자자가 피해를 볼 수도 있다.

　재무제표를 허위로 작성하는 것을 **분식회계**라고 하는데, 다수의 투자자를 보호하기 위해서 상장기업이나 일정 규모가 넘는 비상장 기업은 재무제표에 대해 외부전문가(회계법인이나 공인회계사)로부터 회계감사를 받도록 법(주식회사 등의 외부감사에 관한 법률, 줄여서 "외감법"이라고 표현한다)에서 정하고 있다.

상장기업은 국제회계기준IFRS, 비상장기업은 일반기업회계기준에 따라 재무제표를 작성해야 하는데, **외부감사**란 외부회계전문가가 감사대상 기업이 작성한 재무제표가 정해진 회계기준에 따라 공정하게 작성되었는지를 인증하는 것으로서 해당 기업의 재무제표에 대한 일종의 품질보증이다.

투자자들은 감사결과 작성된 감사보고서를 통해 해당 기업이 작성한 재무제표에 문제가 없음을 확인한 후, 안심하고 재무정보를 이용할 수 있다.

어떤 회사가 외부감사를 받을까?

회계투명성을 위해서는 모든 기업의 재무제표를 감사하면 좋겠지만 감사에는 비용이 따르며, 소규모 기업은 투자자가 많지 않으므로 굳이 외부감사를 받게 할 필요가 없다.

그래서 상장기업과 상장예정기업, 그리고 일정 규모가 넘는 비상장기업에 한해 외부감사를 받도록 정하고 있다. 여기서 일정 규모란 직전년도말 자산총액이 500억 원이 넘거나, 직전년도 매출액이 500억 원이 넘는 기업을 말한다. 또한 다음의 4개 기준 중 2개 이상에 해당하는 기업도 외부감사대상이다.

① 직전년도말 자산총액이 120억 원 이상인 기업

② 직전년도말 부채총액이 70억 원 이상인 기업

③ 직전년도 매출액이 100억 원 이상인 기업

④ 임직원수가 100명 이상인 기업

현재 우리나라에는 약 90만 개 정도의 법인기업이 있는데, 이들 중 위의 요건에 해당하는 법인은 생각보다 많지 않다. 상장기업(코스피와 코스닥) 2,500개 정도와 비상장기업 중 위 규모에 해당하는 기업 35,000개를 합하면 모두 40,000여 개 정도로 전체 기업의 5%도 안된다.

이렇게 외부감사를 거친 기업의 재무제표는 나름대로 전문가의 검증과정을 거친 것이므로 별 문제가 없지만, 외부감사대상이 아닌 대다수 95% 기업의 재무제표는 회계기준에 따라 공정하게 작성되지 않았을 가능성이 매우 높다. 이런 경우에는 재무제표를 보기에 앞서, 재무제표에 표시된 숫자에 대한 나름대로의 검증과 확신이 필요하다.

감사의견이란?

회계전문가인 공인회계사(회계법인)는 감사를 마친 후, 감사보고서를 작성해서 주주총회일 1주일 전까지 의뢰 회사에 제출한다. 회사는 이를 금융감독원 전자공시시스템(dart.fss.or.kr)에 올려서 일반 투자자들에게 공시하게 된다. 누구나 금융감독원 전자공시시스템에 접속해서 검색란에 회사 이름만 입력하면 우리나라 모든 외부감사기업의 재무제표를 열람하거나 다운로드받을 수 있다.

● **금융감독원 전자공시시스템**

감사보고서 첫장에는 감사의견이 표시되고 이어서 재무제표가 나오는데 감사의견에는 다음과 같은 4가지 종류가 있다.

적정의견

회사가 작성한 재무제표에 아무런 하자가 없다는 뜻이며, 회계기준에 따라 공정하게 작성됐음을 의미한다. 주의할 점은 적정의견이 회사의 재무상태가 적정하다는 뜻이 아니라는 점이다. 감사인이 판단하는 잣대는 오로지 정해진 회계기준을 위반했는지의 여부다. 부실기업이라도 영업손실이나 자본잠식 등의 부실을 재무제표에 다 드러내서 회계기준 위반이 없다면 적정의견을 받을 수 있다.

● 적정의견 감사보고서

감사의견
우리는 **주식회사의 재무제표를 감사하였습니다. 해당 재무제표는 202*년 12월 31일 현재의 재무상태표, 동일로 종료되는 보고기간의 포괄손익계산서, 자본변동표, 현금흐름표 그리고 유의적인 회계정책의 요약을 포함한 재무제표의 주석으로 구성되어 있습니다.
우리의 의견으로는 **별첨된 회사의 재무제표는** 회사의 202*년 12월 31일 현재의 재무상태와 동일로 종료되는 보고기간의 재무성과 및 현금흐름을 **한국채택국제회계기준에 따라 중요성의 관점에서 공정하게 표시하고 있습니다.**

부적정의견

회사가 작성한 재무제표가 회계기준에 맞지 않는 완전 엉터리라는 뜻이며, 위반 정도가 너무 심해서 재무제표가 이용가치가 전혀 없는 쓰레기 정보라고 낙인찍는 것이다.

한정의견

재무제표가 전반적으로 부적정한 것은 아니지만 몇가지 한정된 항목에 회계기준 위반이 있다는 것이고, 그런 항목을 빼고는 전반적으로 적정하다는 뜻이다. 이 경우 한정된 항목과 금액은 감사보고서에 따로 언급된다. 따라서 재무제표를 볼 때 한정된 항목은 수

정해서 봐야 한다.

의견거절

재무제표가 적정한지, 부적정한지 판단을 유보하는 것이다. 회사가 감사에 필요한 자료를 주지 않아 감사를 못했거나 기업의 지속가능성에 의문이 들 때 의견을 거부한다.

결국, 정도의 차이는 있지만 적정의견을 제외하고는 나머지 모두 재무제표 숫자에 문제가 있다는 것이며, 이런 회사들은 회계가 불투명하다는 이유로 투자자로부터 신뢰할 수 없는 기업으로 낙인찍히게 된다. 상장기업의 경우 부적정의견 또는 의견거절을 받거나 2년 연속 감사범위제한으로 인해 한정의견을 받으면 상장폐지된다.

감사보고서와 사업보고서의 차이

감사보고서는 모든 외부감사대상기업이 작성하는 것으로서 주로 재무제표 등 재무적 정보에 국한한다. 하지만 기업의 사업 내용을 이해하고 미래 성과를 내다보기 위해 필요한 정보에는 재무적인 정보 외에 비재무적인 정보도 있다. 따라서 상장기업에 대해서는 감사보고서 외에 투자자들에게 보다 충분한 기업 정보를 제공하기 위해 사업보고서를 제출하도록 하고 있다. 사업보고서에는 다음과 같은 중요한 정보가 담겨있다.

· 해당 기업의 사업내용

· 회사연혁 및 정관(사업목적)내용

· 주요 제품이나 서비스, 매출 및 수주상황

· 주요 계약 내용, 시장점유율, 공장가동률 등

· 이사의 경영진단 및 분석의견

사업보고서도 감사보고서와 마찬가지로 전자공시시스템에서 볼 수 있다. 회계연도말 사업보고서는 결산일 후 90일 이내에, 매 분기 사업보고서는 분기말 이후 45일 이내에 거래소에 제출하고 전자공시시스템에 올려야 한다. 우리나라 기업의 대부분이 12월 결산법인이므로 이를 기준으로 하면 5월 15일(1분기), 8월 15일(2분기), 11월 15일(3분기), 그리고 다음해 3월 31일(결산기)까지 사업보고서를 제출하게 된다.

분기별로 작성되는 사업보고서에는 분기별 재무제표가 첨부되는데, 분기재무제표는 엄격한 감사를 받는 대신, 감사인으로부터 단순 검토만 받는다. 따라서 사업보고서에 나오는 회계감사인의 감사의견 등에서 검토의견이 적정인지를 확인해야 한다.

● 사업보고서 목차

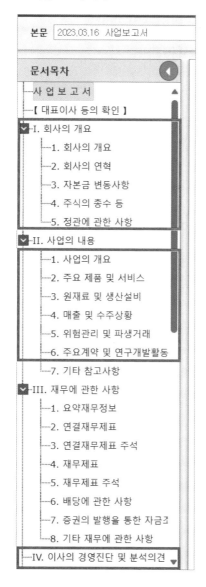

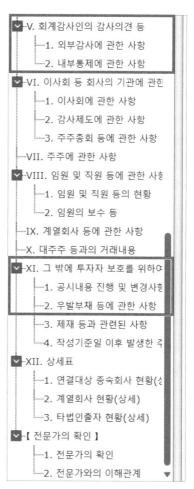

중요한 정보는 재무제표 본문보다 주석에 숨어있다

재무상태표와 손익계산서는 모두 회계기준에서 정한 일정한 양식과 체계에 따라 작성되는데, 과목별로 금액으로 표시된다. 그러나 투자자들이 필요로 하는 정보에는 이런 금액 정보 말고도 중요한 정보가 더 있다. 예를 들면, 회사의 업종 등 주요 사업내용이나 대주주현황, 자산평가방법 등 회사가 적용하고 있는 회계방법, 자회사에 대한 지분율과 손익상황, 차입금의 이자율이나 상환일정, 담보로 제공된 자산이나 타인을 위한 지급보증금액, 특수관계인과의 거래 내용 등 매우 다양하다.

이들 정보는 재무제표의 뒷부분에 별도로 설명식으로 제공하는데, 이를 **주석**Note이라고 한다. 재무제표 본문의 과목별 금액에 대해 보다 상세한 내용을 알고 싶다면 과목 옆에 표시된 관련 번호를 찾아 주석내용을 확인하면 된다.

주석도 재무제표의 일부이며, 재무제표 본문에서 제공하지 않은 상세한 정보를 추가로 제공한다는 점에서 매우 중요하다.

주식투자를 위한 꿀팁!

**수익성만 보지 말고 미래 성장성과
사업리스크를 같이 봐야 한다**

주가(기업가치)는 단기적으로는 수급에 의해 오르고 내리지만, 장기적으로는 기업의 미래 순자산, 즉 기업이 현재 갖고 있는 순자산(자기자본)에 앞으로 벌어들일 미래 예상이익의 현재가치를 더한 금액으로 결정된다. 한마디로 지금 갖고 있는 순자산에 앞으로 벌 돈을 합친 것이라고 보면 된다. 결국 주식투자를 위해서는 해당 기업의 미래 이익창출력을 예측할 수밖에 없다. 이때 매년 이익성장률을 고려한 미래 추정이익을 현재가치로 **할인**^{Discount}하게 되는데, 그 이유는 미래 이익은 지금 당장의 이익이 아니므로 불확실성(위험요인)이 있기 때문이다.

이 경우 할인율은 두 가지 요인에 따라 결정되는데, 첫째는 화폐가치변동위험(인플레이션 리스크)으로서 금리를 의미한다. 3년후 발생할 이익 10억 원은 현재가치로는 10억 원보다 적기 때문에 금리로 할인해야 한다. 그래서 동일한 이익 수준인데도 금리가 상승할 때는 기업가치가 내려가고 금리가 하락할 때는 기업가치가 올라간다. 둘째는 미래 이익의 불확실성으로 해당기업이 갖고 있는 여러가지 사업위험요인을 의미한다. 예를 들어, 매출이 특정 거래처에 종속되어 있고 판매가에 대한 가격협상력이 낮으며, 원재료 구매시 구매처에 휘둘리는 시장지위라면 사업위험이 매우 높다고 봐야 하는데, 이런 위험은 영업활동과 관련된 위험이라고 해서 **영업위험**이라고 한다. 또한 차입금이 많아 이자지급액이 많다면 영업이익의 상당부분을 은행에 내줄 수밖에 없고 이에 따라 주주이익은 쪼그라들 수밖에 없는데 이를 **재무위험**이라고 한다. 이런 위험요인 외에 기업의 미래 성장률이 높다면 미래이익에 대한 불확실성이 그만큼 낮아지므로 할인율이 내려간다.

금리가 높거나 사업위험이 높을수록 주주는 더 많은 이익을 원할 수밖에 없기에 할인율은 주주의 기대(요구)수익률과 같다. 기대수익률이 높아지면 동일한 이익을 내더라도 기업의 주가는 낮아진다. 할인율은 서로 다른 업종별로 다르며 개별 기업이 갖고 있는 위험 정도에 따라서도 다르다.

그러므로 이익만이 기업가치(주가)를 결정하는 유일한 변수라고 생각해서는 안되며, 이익성장률과 위험(할인율)이 중요한 변수라는 점을 알아야 한다. 게다가 이익도 현재 이익이 아닌 미래 이익이라는 점에 주의해야 한다. 하물며 이미 공개된 손익계산서에 나오는 이익은 현재도 아닌 과거의 이익으로서 수개월 전에 이미 주가에 선반영된 것이다.

실적이 좋아지는 기업의 주가가 실적발표 전에 앞서서 올랐다가 막상 서프라이즈 실적이 발표되면 다시 제자리로 돌아간다거나, 실적악화(어닝쇼크)기업의 주가가 하락하다가 막상 실적발표시에는 하락세를 멈추는 것이 그 이유다. 미래는 항상 움직이는 것이므로 그때 그때 상황변화에 따라 주가는 쉬임없이 변동한다.

그러므로 장기투자자에게는 단기간의 등락보다 장기적인 이익성장추세와 위험이 더 중요하다. 재무제표와 사업보고서에는 주가를 결정하는 세 가지 변수 즉, 이익, 성장률, 위험에 관한 최근 정보가 모두 표시되므로 이들 정보를 주의깊게 관찰해야 한다.

● 주가를 결정하는 세 가지 변수에 주목하라!

항목	A기업	B기업
① 예상순이익	100억 원	100억 원
② 할인율(기대수익률)	5%	20%
기업가치(시가총액)(= ① ÷ ②)	2,000억 원	500억 원

▲ 두 회사의 이익성과가 같음에도 불구하고 기업가치가 서로 다른 것은 위험(할인율)과 미래 성장률이 다르기 때문이다. 사업위험이 높고 미래 성장률이 낮은 B기업은 할인율이 20%에 달해 예상이익의 5배로 기업가치가 매겨지지만, 사업위험이 낮고 미래성장률이 높은 A기업은 할인율이 5%로서 예상이익의 20배로 기업가치를 인정받고 있다. 여기서 5배와 20배를 PER(Price Earning Ratio : 주가이익비율)이라고 한다.

CHAPTER

2

재무상태표의
자산으로 회사규모와
핵심자산을 본다

재무상태표의 구조와 체크사항을 알아보자

재무상태표에 표시되는 항목은 자산 및 부채와 자본이다. 여기서 자본이란 자산에서 부채를 뺀 것이므로 재무상태표의 핵심요소는 자산과 부채다. 따라서 재무상태표는 회사가 어떤 형태의 자산과 부채를 얼마나 보유하고 있는지 과목별로 보여준다.

회사가 갖고 있는 자산과 부채는 항목마다 위험도가 저마다 다르다. 가장 안전한 자산은 현금성자산이겠지만 이는 기업의 수익창출원이 될 수 없다. 개인이 위험자산에 투자하지 않고서는 수익을 기대할 수 없듯이 기업도 현금성자산 같은 안전자산에 치중해서는 충분한 이익성과를 기대할 수 없다.

그렇다고 해서 지나치게 투자자산 등 위험자산에 편중될 경우에는 재무안정성에 위험이 발생할 수 있기 때문에 적절한 균형이 필요하다. 이렇게 자산은 제각각 위험의 정도가 다른데 위험이 높은 자산과 낮은 자산이 얼마나 금액적으로 균형을 잘 이루고 있는지 보여주는 것이 **재무상태표**다. 그래서 재무상태표를 **Balance Sheet(균형표)**라고도 한다. 여기서 위험이란 해당 항목이 현금화되지 못할 가능성을, 균형이란 특정항목으로 지나치게 쏠리지 않는 상태를 의미한다.

기업의 유동성에 관한 정보를 제공하기 위해 재무상태표에서는 자산을 다시 유동자산과 비유동자산으로 나누어 표시한다. 결산일로부터 1년 안에 현금화할 수 있는 자산을 **유동자산**, 1년 안에 현금화가 불가능한 자산을 **비유동자산**이라고 한다. 유동자산에 비해 비유동자산은 현금화하는데 장기간이 소요되며 불확실하기까지 하므로 기업의 입장에서는 매우 위험한 자산이다. 따라서 유동자산과 비유동자산의 금액적 균형이 필요하다.

부채 또한 결산일로부터 1년 안에 갚아야 하는 **유동부채**와 1년 이후 갚아도 되는 **비유동부채**로 구분한다.

유동부채는 단기간 내에 갚아야 하므로 비유동부채에 비해 훨씬 더 위험하다. 또한 모든 부채는 반드시 갚아야 하는 것이므로 갚지 않아도 되는 자본에 비해 위험성이 더 높다. 여기서 위험이란 제때에 갚지 못할 가능성을 의미한다. 따라서 유동부채 금액과 비유동부채 금액의 균형이 필요하며 부채총액과 자본총액의 균형도 필요하다. 흔히 말하는 **재무상태**란 말은 이렇게 위험이 서로 다른 자산과 부채 및 자본항목의 금액들이 얼마나 잘 균형Balancing을 이루고 있는지를 의미하는 것이다.

재무상태표

(단위 : 백만 원)

과목	당기말	전기말
유동자산	**88,020**	**68,150**
현금 및 현금성자산	9,034	1,740
금융자산	410	930
매출채권 및 기타채권	57,606	48,930
기타자산	8,150	5,240
재고자산	12,820	11,310
비유동자산	**72,600**	**69,770**
(1) 투자자산	34,000	30,370
당기손익-공정가치측정 금융자산	3,780	4,920
기타포괄손익-공정가치측정 금융자산	10,430	9,750
종속기업주식	7,210	7,450
관계기업주식	4,330	-
투자부동산	8,250	8,250
(2) 유형자산	36,060	37,410
토지	15,480	14,920
건물	13,050	15,190
기계장치	4,270	3,840
차량운반구	980	1,260
비품	2,280	2,200
(3) 무형자산	2,540	1,990
자산총계	**160,620**	**137,920**

유동부채	**45,170**	**45,940**
매입채무 및 기타채무	15,950	15,030
단기차입금	17,360	16,210
유동성 장기부채	6,380	6,560
선수금	5,480	8,140
비유동부채	**37,030**	**28,040**
장기차입금	22,300	18,000
퇴직급여부채	14,730	10,040
부채총계	**82,200**	**73,980**
자본금	**13,280**	**10,000**
자본잉여금	**37,460**	**34,180**
(1) 주식발행초과금	24,120	20,840
(2) 기타자본잉여금	13,340	13,340
이익잉여금	**31,550**	**23,500**
(1) 법정적립금	6,130	3,620
(2) 임의적립금	1,420	780
(3) 미처분이익잉여금	24,000	19,100
기타포괄손익누계액	**(3,870)**	**(3,740)**
(1) 기타포괄손익-공정가치측정 금융자산 평가손실	(3,870)	(3,740)
자본총계	**78,420**	**63,940**
부채와 자본총계	**160,620**	**137,920**

▲ 위의 표에서 ( )는 마이너스(-)를 의미한다.

재무상태가 좋다는 것은 위험이 서로 다른 자산·부채·자본들이 금액적으로 균형을 잘 유지하고 있어서 안전한 회사임을 의미하며, 재무상태가 나쁘다는 것은 위험이 서로 다른 자산·부채·자본들이 불균형상태라서 불안정한 회사임을 의미하는 것이다.

그러므로 상대적으로 위험이 높은 비유동자산과 유동부채를 많이 가지고 있으면 재무상태는 좋지 않은 것으로 판단한다.

● 균형잡힌 재무상태란?

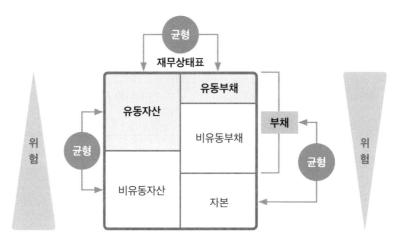

▲ 유동자산보다 비유동자산이 더 위험하므로 총자산 중 유동자산과 비유동자산의 금액적 균형이 맞아야 하며, 자본보다 부채가 더 위험하므로 부채와 자본의 균형도 필요하다. 또한 부채 중에서도 위험한 유동부채와 상대적으로 덜 위험한 비유동부채가 균형을 이루어야 하며, 아울러 유동자산과 유동부채의 균형도 중요하다. 따라서 재무상태표를 구성하는 모든 자산·부채·자본항목간에 서로 금액적 균형이 맞는지 살펴야 한다.

재무상태표는 주로 기업의 재무안정성과 위험성을 보여준다. 투자자가 재무상태표를 통해 체크해야 할 사항은 다음과 같은데, 항상 숫자를 작년도와 비교해서 봐야 한다. 전년도에 비해 크게 증가하거나 감소한 자산·부채가 어떤 것인지 주목하고 그 원인을 찾아야 한다.

 잠깐! **재무상태가 좋은 기업과 나쁜 기업**

좋은 재무상태와 나쁜 재무상태란 무엇을 기준으로 판단하는 것일까? 기업이 갖고 있는 자산과 부채는 구체적인 항목마다 그 위험Risk의 정도가 전부 다르다. 자본보다는 갚아야 할 부채가 더 위험하고, 부채중에서도 당장 갚아야 할 단기부채가 장기부채보다 훨씬 더 위험하다.

자산도 현금보다는 매출채권이, 매출채권보다는 아직 팔지 못한 재고자산(상품·제품)이 더 위험하다. 미래에 노후화되면 전부 사라질 차량이나 비품 같은 유형자산은 더 더욱 위험한 자산이다.

예를 들어, 어떤 기업의 총자산 160억 원 중 부채가 140억 원이라고 가정하자. 그러면 자본은 고작 20억 원 뿐인데, 이는 자본에 비해 부채가 너무 많아서 못 갚을 위험이 있다는 의미다. 결국 부채와 자본의 금액적 불균형 문제가 나타나는데 이를 재무상태가 나쁘다고 표현하는 것이다.

자산에서도 현금성자산이 많으면 좋겠지만, 회수하지 못한 채권이나 팔지 못한 재고자산이 다른 자산에 비해 상대적으로 너무 많다면 자산간에 불균형문제가 발생하고 이를 나쁜 재무상태라고 보는 것이다.

아울러 기업의 재무상태는 손익상황에 따라 크게 좌우된다는 점을 알아야 한다. 돈 잘 버는 기업이 부채가 많을리가 없다. 대체로 이익성과와 수익성이 좋은 기업은 재무상태가 좋을 수밖에 없으며, 그렇지 못한 기업은 재무상태가 나쁘게 나타난다.

결국, 기업의 재무상태는 과거의 이익성과와 수익성이 시차를 두고 늦게 반영된 결과표라고 생각하면 된다. 마치 열심히 운동해서 운동성과가 좋은 사람이 체력도 좋고 그로 인해 군살과 지방이 적은 근육질의 건강한 몸을 갖게 되는 것과 같다.

❶ 회사의 총자산규모가 얼마나 되는가?

총자산은 총자본(부채+자본)을 의미하는 것이므로 자산금액이 많다는 것은 그에 비례해서 사업에 투자된 자본이 많다는 의미다. 기업은 투자받은 자본에 대해서 이자나 배당 등을 통해서 반드시 보상해야 하므로 자본금액의 크기에 비례해서 충분한 이익성과를 내야 한다.

따라서 투자된 총자본규모에 비례해서 매출액과 이익이 나와야 하므로 일단 총자산(총자본)의 규모를 본 다음 매출액과 영업이익 또는 순이익이 총자산에 비해 어느 정도로 발생하고 있는지 따져봐야 한다.

● 관련 재무지표

총자본회전율 = 매출액 ÷ 총자본

▲ 사업에 투자된 돈이 몇 배의 매출을 내고 있는지 보여준다. 이 지표 결과값이 높다면 사업에 투자된 돈이 열심히 일을 하고 있다는 의미로 노는 자산이 별로 없다는 뜻이기도 하다. 단, 매출액과 직접 관련이 없는 투자자산 비중이 높은 회사에서는 회전율이 낮게 나올 수 있다. 총자본회전율은 1.5회 이상을 양호하다고 보는데, 우리나라 대기업의 평균적인 총자본회전율은 0.7회다. 주의할 점은 모든 재무지표는 업종 특성에 따라 업종마다 차이가 있으므로 반드시 이를 감안해서 평가해야 한다. 즉, 동일업종에 속한 동일규모기업(대기업, 중소기업)의 평균과 비교하거나 해당기업의 전년도 수치와 비교해야 한다.

총자본영업이익률 = 영업이익 ÷ 총자본(또는 영업자본)

▲ 영업이익은 매출액에서 각종 영업관련 비용을 뺀 것인데, 사업에 투자된 돈이 얼마나 많은 영업성과를 내는지 보여주는 것으로서 투자된 돈의 투자수익률을 의미한다. 참고로 우리나라 대기업의 평균적인 총자본영업이익률은 5%다.

❷ 재무구조가 안전한가?

재무구조란 기업경영에 필요한 총자본 중 부채와 자본의 균형 정도를 의미한다. 부채는 반드시 갚아야 하는 것이므로 갚지 않아도 되는 자본에 비해 위험이 더 높다. 따라서 부채가 너무 많으면 상환불능으로 인해 기업이 파산할 수도 있으므로 적정선(일반적으로는 자본의 2배를 부채의 상한선으로 본다)을 넘으면 곤란하다. 게다가 부채 중에서 은행차입금은 이자비용이라는 고정비를 발생시키므로 불황기에 매출과 영업이익이 줄어들 경우에는 주주이익에 치명적인 손상이 생길 수도 있다.

● 관련 재무지표

부채비율 = 부채총계 ÷ 자본총계

▲ 사업자본 중 갚아야 할 남의 돈과 주주 돈의 균형을 보여준다. 높을수록 부채상환위험이 커서 위험한 기업으로 본다. 부채비율은 200% 이하면 양호, 400% 이상이면 위험하다고 보는데, 우리나라 대기업의 평균적인 부채비율은 100%다.

자기자본비율 = 자본총계 ÷ 부채와자본총계(총자본)

▲ 총자본 중 주주 돈인 자기자본의 비중을 보여준다. 자기자본비율은 30% 이상이면 양호, 20% 이하이면 위험하다고 보는데, 우리나라 대기업의 평균적인 자기자본비율은 50%다.

만약 총자본이 100억 원인 기업의 부채가 60억 원이라면 부채비율은 150%(= 60억 원 ÷ 40억 원)이고 자기자본비율은 40%(= 40억 원 ÷ 100억 원)로 계산되는데, 이 정도면 비교적 양호한 재무구조라고 볼 수 있다.

❸ 과거에 벌어놓은 이익(이익잉여금)이 많이 쌓여 있는가?

매년 벌어들인 손익계산서의 순이익은 재무상태표의 이익잉여금으로 쌓이게 되는데, 이익잉여금 중 주주에게 배당으로 나간 금액을 제외한 것이 재무상태표에 표시된 **이익잉여금**이다.

이익잉여금이 많다는 것은 회사가 그동안 번 이익성과의 상당부분을 회사 내부에 그대로 갖고 있다(이를 유보라고 한다)는 의미로서 향후에 손실이 나더라도 이를 통해 충분히 커버할 수 있다는 뜻이다.

기말 현재 유보된 금액(자본총액에서 자본금을 뺀 것)을 자본금으로 나눈 것을 **유보율**이라고 하는데, 유보율이 500%라면 자본금의 5배에 해당하는 잉여금을 쌓아두고 있다는 뜻이다. 만약, 유보율이 낮아 잉여금이 충분하지 않다면 미래에 손실이 크게 날 경우 잉여금을 다 까먹고도 모자라 자본금까지 까먹게 되는데 이를 **자본잠식**이라고 한다. 따라서 미래의 손실발생 등에 대비하기 위해서는 충분한 이익잉여금을 갖고 있어야만 한다.

❹ 적절한 유동성을 확보하고 있는가?

유동부채는 단기부채로서 1년 안에 갚아야만 하는 부채이므로 이를 상환하기 위해서는 충분한 유동자산을 갖고 있어야 한다. 이 경우 유동자산금액을 유동부채금액으로 나눈 것을 유동비율이라고 하는데 일반적으로 130% 이상일 경우 유동부채 상환에 지장이 없다고 본다.

● 관련 재무지표

유동비율 = 유동자산 ÷ 유동부채

▲ 단기채무의 상환능력을 갖추고 있는지 보여준다. 100% 미만이라면 유동부채상환에 어려움이 있을 수 있다. 즉, 유동부채의 규모에 맞춰 유동자산이 확보되거나 유동자산의 규모에 따라 유동부채를 조절해야 하는데, 유동부채보다 더 많은 유동자산을 보유해서 금액적 균형을 유지한다면 단기지급능력에는 문제가 없는 셈이다.

당좌비율 = (유동자산 - 재고자산) ÷ 유동부채

▲ 재고자산은 1년 이내에 판매를 통한 현금화가 불확실하므로 단기상환능력을 보다 엄격하게 평가할 때는 재고자산을 제외하고 본다.

❺ 회사의 장부상 순자산가치는 얼마나 되는가?

자산에서 부채를 빼면 자본이 나오는데, 이는 자산 중 주주몫에 해당하는 것으로서 장부상 기업가치를 뜻한다. 상장기업의 경우 이 금액과 시가총액을 비교해보면 해당 기업의 시장가치가 얼마나 고평가 또는 저평가됐는지를 가늠해볼 수 있다.

일반적으로 해당 기업이나 산업의 수익성과 미래 성장성이 높으면 장부가치에 미래 이익에 대한 프리미엄Premium이 더해져서 시장가치가 더 높게 거래되지만, 반대의 경우에는 시장가치가 더 낮게 거래된다.

숫자력을 키워야 한다

재무제표는 숫자로 표시되는데 "숫자는 복잡하기 때문에 눈에 잘 안들어오고 부담스러우니 자연히 안보게 된다"고 말한다. 하지만 기업경영은 숫자로 이루어지는 것이므로 숫자력을 키우는 훈련이 꼭 필요하다. "숫자력"이란 숫자를 보는 힘인데, 숫자를 빨리 읽고 이해하고 기억하는 능력을 포함해서 모든 현상을 숫자로 생각하고 판단하는 능력을 말한다.

숫자력을 키우는 방법은
첫째, 일단 숫자를 가까이 하고 친숙해지는 것이다. 처음에는 힘들어도 자꾸 반복하다 보면 어느덧 숫자보기가 익숙해진다.

둘째, 큰 숫자는 끊어서 보고 기억하는 것이 좋다. 숫자의 크기에 따라 천만, 또는 억 단위로 끊어서 보면 편하다. 예를 들어 재무제표에 871,358(백만 원)이라고 표시되면 8,713억 원으로 읽으면 된다.

셋째, 숫자는 반드시 관련된 항목의 숫자와 비교해야 한다. 영업이익은 총자산과, 부채는 자본과 비교해야 한다. 매출원가는 매출액과, 이자비용은 영업이익과 각각 비교해야 한다. 이렇게 비교함으로써 해당 금액이 적절한지 평가할 수 있다. 그리고 항상 전년도와도 비교해서 체크하는 습관을 길러야 한다.

이렇게 하다보면 숫자가 그리 복삽하시 않으며 어느덧 숫자감긱도 생기게 된다. 나아가 숫자감각을 통해 회계와 재무감각을 높일 수 있으며 기업에 대한 통찰력도 생기게 된다.

안전자산과 위험자산을 구분하자

기업의 자산은 사업활동으로 돈을 벌기 위해 갖고 있는 것이므로 언젠가는 돈(현금)으로 바뀌어야 한다. 예금, 주식, 채권, 재고자산 등 모든 자산은 언젠가는 현금화하는게 목적이다. 그런데 자산마다 현금화하는 시기가 각각 다르기 때문에 재무상태표에서 자산을 현금화하는 시기에 따라 유동자산과 비유동자산으로 나눈다.

유동자산은 앞으로 1년 안에 현금화가 가능한 단기성자산이고 비유동자산은 1년 안에 현금화가 불가능한 장기성자산이다. 유동자산은 현금화하는데 오랜 시간이 걸리지 않으므로 비교적 안전한 자산에 속한다. 유동자산에는 현금및현금성자산, 예금, 주식·채권 등 유가증권, 매출채권, 단기대여금·미수금 등 기타채권, 재고자산 등이 있다.

개인들도 살고 있는 집이나 부동산이 아무리 많아도 예금 등 현금화가 쉬운 자산이 없으면 곤란하듯이 기업도 1년 내에 써야 할 돈이 있고 갚아야 할 단기부채가 있다. 따라서 기업이 단기부채 상환에 필요한 충분한 유동자산을 갖고 있는지 보여주기 위해 자산을 유동자산과 비유동자산으로 나누어 표시한다.

이에 반해 비유동자산은 1년 안에 현금화가 안되는 위험한 자산이다. 장기투자목적의 투자자산이나 사업활동에 쓰기 위해 갖고 있는 건물, 차량, 기계 등 유형자산 등이 이에 속한다. 그런데 기업수익의 대부분은 비유동자산에서 나온다. 그렇다고 해서 비유동자산의 비중을 늘리면 유동성이 떨어지고, 유동자산의 비중을 높이면 수익성이 떨어진다. 그러므로 어느 쪽으로도 쏠리지 않게 두 자산의 금액적 균형을 유지하는 것이 바람직하다.

총자산 중 안전자산인 유동자산과 위험자산인 비유동자산의 비중이 어느 정도인지 보면 자산구성의 위험을 평가할 수 있는데, 두 자산의 비중은 업종마다 차이가 있다. 제조업처럼 시설투자가 많은 업종은 상대적으로 비유동자산의 비중이 높고, 서비스업처럼 유형자산 투자가 불필요한 업종은 상대적으로 유동자산의 비중이 높다.

현금성자산의 정체를 파악하라

유동자산 중 가장 첫 번째 항목은 현금및현금성자산으로 유동자산 중에서도 유동성이 가장 높은 자산이다. 그런데 재무제표상 현금에는 기업이 갖고 있는 보통예금과 당좌예금도 포함된다. 예금은 본래 금융자산에 속하지만 당좌예금과 보통예금은 이자가 아예 없거나 너무 낮기 때문에 이를 이자수익목적의 금융자산으로 보지 않는다. 즉, 현금보관에 따른 위험을 줄이고 단기간 내 지출에 대비하기 위해 은행에 잠시 맡긴 돈으로 보고 재무제표에서는 아예 현금에 포함하여 표시한다.

한편, 현금성자산은 현금은 아니지만 현금과 마찬가지인 항목으로서 만기가 있는 저축성예금과는 달리 정해진 만기가 딱히 없어 마음만 먹으면 언제라도 찾아쓸 수 있는 각종 요구불예금을 말한다. 또한 만기가 3개월 이내인 채권처럼 아주 짧은 기간 내에 현금화가 가능한 자산도 현금성자산에 포함된다.

결국 현금및현금성자산은 회사가 지금 당장이라도 찾아서 지출에 사용할 수 있는 돈이라고 생각하면 된다. 다만, 보유중인 현금성자산이 많으면 현금유동성이 좋아 대외지급능력은 양호하지만, 그 현금성자산의 정체는 따로 파악해야 한다. 기업의 현금은 영업활동을 통해 자신이 직접 벌 수도 있지만 은행차입이나 증자 등 재무활동을 통해서도 얼마든지 만들어낼 수 있기 때문이다. 사업이 부진해서 돈이 없는 기업이 은행으로부터 차입을 해서 현금성자산이 늘었다면 이는 아무 의미가 없는 것이다. 나아가 투자활동을 통해 보유자산을 매각해도 현금을 증가시킬 수 있다.

이렇듯이 재무상태표의 현금은 당기말 현재 보유중인 잔액만 표시하는 것일 뿐, 그 돈의 정체를 알려주지 않는다는 한계점이 있다.

이런 경우 보유현금의 정체가 궁금할 때는 현금흐름표를 보면 상세하게 그 내역을 알 수 있다.

다음의 두 회사를 비교해보자. A기업은 당기중에 영업을 통해 120억 원을 벌어 그 중 40억 원을 자산투자에 사용하고 20억 원을 차입금상환에 사용하여 60억 원이 남았으며, 당기말 현재 70억 원의 현금을 보유하고 있다.

그러나 B기업은 영업을 통해 돈을 벌지 못했으나 자산매각대금 50억 원과 차입을 통해 조달한 현금 50억 원으로 기말 현재 100억 원의 현금을 보유하고 있다.

이 경우 B기업이 더 많은 현금성자산을 갖고 있지만 거의 대부분이 자기자금이 아닌 차입금으로 만들어진 돈임을 알 수 있어 보유현금의 질^{Quality}은 A기업이 더 좋은 것으로 봐야 한다.

	A기업	B기업
영업현금흐름	120억 원	(30억 원)
투자현금흐름	(40억 원)	50억 원
재무현금흐름	(20억 원)	50억 원
현금증가액	60억 원 ← 영업으로 번 돈	70억 원 ← 자산매각대금+차입금
기초 현금성자산(재무상태표)	10억 원	30억 원
기말 현금성자산(재무상태표)	70억 원	100억 원

▲ 기말 현재 갖고 있는 현금성자산은 B기업이 더 많지만, 이는 투자활동(자산매각)과 재무활동(차입금)으로 조달한 돈이다. 반면 A기업이 갖고 있는 70억 원은 대부분 영업으로 번 돈이다.

팔아야 돈이 되는 재고자산이
왜 유동자산인가?

유동자산 중에서 눈여겨 봐야 할 자산이 재고자산이다. **재고자산**은 원재료 및 생산한 제품이나 매입한 상품 중 아직 판매되지 않은 것으로서 앞으로 팔아야 하는 것인데, 제조업이나 도·소매업에서는 매우 비중이 높은 핵심사업자산이다.

재무적으로 돈은 이미 투자됐지만 아직 회수하지 못한 것이므로 재고자산이 많으면 그만큼 자금부담이 생긴다. 매출이 발생하면 재고자산은 매출채권이라는 자산으로 바뀌게 된다. 매출채권도 묶여 있는 돈이라는 점에서 재고자산과 크게 다르지 않으며, 이 또한 현금화할 때까지는 자금부담이 생기고 결국 최종적으로 매출채권이 회수돼야 재고자산에 투입된 돈이 비로소 현금화된다.

재고자산과 매출채권이 중요한 이유는 이 두 자산이 제대로 관리되지 않으면 현금흐름에 문제가 생기기 때문이다. 이렇게 재고자산의 현금화 과정이 매우 길고 험난함에도 불구하고 재무제표에서는 재고자산을 유동자산으로 표시한다. 하지만 반드시 1년 안에 판매는 물론 매출채권 회수과정까지 마무리돼 현금화된다고 단정할 수는 없으므로 재고자산의 판매가능성이나 매출채권의 회수가능성에 대해서 별도의 평가가 필요하다.

자산을 어떻게 평가하느냐에 따라 손익이 달라진다

취득원가, 공정가치, 장부가액의 차이점과 손상차손

재무상태표의 자산은 대부분 과거 취득거래 당시에 샀던 금액으로 표시한다. 상품이나 기계를 5억 원에 샀으면 그 금액으로 표시되는데, 이를 **취득원가**라고 한다. 하지만 취득원가는 과거 취득 당시의 금액이므로 기업이 보유하는 자산의 현재가치는 물론 현재의 재무상태를 올바르게 보여주지 못한다.

그래서 일부 자산은 취득원가 대신 공정가치로 표시해야 하는데, **공정가치**란 현재 시장에서 거래되는 시가(시장공정가치) 또는 추정공정가치를 의미한다. 기업이 가지고 있는 자산도 개인과 마찬가지로 대부분 금융자산과 부동산인데, 이런 자산은 공정가치가 존재하므로 공정가치평가가 가능하다.

하지만 모든 자산에 공정가치가 존재하는 것이 아니므로 공정가치평가는 일부자산에 대해서만 적용하는데, 대표적인 자산이 금융자산과 투자부동산이다.

유형자산 중 토지도 공정가치평가가 가능하다. 특히 사업용토지는 장기간 보유하다보면 인플레이션에 따라 그 가치가 상승하는 것이 일반적인데, 이를 취득원가 그대로 표시하는 것은 바람직하지 않다. 따라서 토지금액을 현재의 가치로 수정하게 되는데, 이를 **재평가**라고 한다.

하지만 토지재평가는 금융자산의 공정가치평가와는 달리 의무적으로 하는 것이 아니라 재평가여부를 회사가 스스로 선택하는 것이다. 다만, 재평가를 한 번 하고 나서부터는 이후 계속적으로 해야 한다.

토지를 제외한 유형자산은 감가상각을 해야 한다. **감가상각** Depreciation이란 유형자산을 살 때 들어간 취득원가를 이후 사용기간(이를 추정내용연수라고 하며 회사가 스스로 정한다)에 걸쳐 해마다 비용으로 녹이는 절차를 말한다. 유형자산은 사업활동에 사용하기 위해 보유하는 자산이므로 매년 사용한 만큼 비용이 발생한 것으로 본다. 예를 들어, 생산용 장비를 20억 원에 샀지만 추정내용연수가 10년이라면 사용기간인 10년에 걸쳐 해마다 2억 원을 비용으로 녹이는 것이다. 이 또한 회계를 발생주의로 하기 위함인데, **발생주의** 손익계산이란 돈 쓴 금액과 상관없이 해마다 발생한 만큼만 비용으로 처리하는 것이다.

앞 사례의 경우 1년 후 재무상태표에 장비의 취득원가는 비록 20억 원이지만 비용으로 녹은 2억 원을 차감한 18억 원이 자산금액으로 표시되고, 그 다음 해에는 16억 원으로 표시되는데 이를 **장부가액**이라고 한다.

장부가액은 취득원가 중 그동안 비용으로 녹지 않고 당기말 현재 남은 금액을 의미할 뿐, 해당자산의 공정가치와는 무관하다. 해가 지날수록 장부가액은 점점 감소하여 사용기간인 10년이 지나면 잔액이 0원이 되면서 해당 자산은 장부에서 완전히 소멸한다.

● 자산의 다양한 평가기준

항목	평가기준	비 고
금융자산	공정가치	예금과 채권은 공정가치평가에서 제외
토지	공정가치 또는 취득원가	재평가 여부는 회사의 선택
유형자산 (토지제외)	장부가액	장부가액 = 취득원가 - 감가상각누계액

공정가치로 평가하는 자산은 해당 금액이 자산의 현재가치이므로 아무 문제가 없으나 유형자산이나 무형자산처럼 취득원가나 장부가액으로 표시된 자산은 해당 금액이 자산의 현재가치를 나타내지 못한다. 이런 경우 만약 해당자산의 가치하락이 명백한 경우에는 그 금액을 장부가액에서 직접 차감하고 비용으로 처리하게 되는

데, 이를 **손상차손**이라고 한다.

　이렇게 자산의 평가기준이 다양하므로 기업이 자산을 어떻게 평가하고 감가상각했느냐에 따라 기업의 손익과 자산규모가 달라진다. 만약, 해당자산의 공정가치가 하락하거나 손상됐음에도 불구하고 이를 반영하지 않거나 감가상각을 하지 않으면 이익과 장부상 자산금액이 실제보다 부풀려지게 된다.

　그러므로 자산이 어떤 기준으로 평가됐으며, 해당 평가손익을 어디에 반영했는지 확인해야 한다.

🪙 금융자산은 3개의 바구니에 담겨 있다.

　금융자산이란 "미래에 직접 돈으로 받을 수 있는 자산"을 의미하는데, 예금은 물론 주식이나 채권, 매출채권, 대여금, 미수금, 보증금 등 매우 다양하다. 받는 시점이 미래이기 때문에 그때까지 자산가치가 계속 변동할 수 있으며, 이에 따라 매년 평가손익이 발생할 수 있다.

　상장기업은 금융자산평가를 위해 금융자산을 3개의 바구니에 담는다. 서로 다른 바구니마다 평가방법과 평가손익의 처리가 다른데, 금융자산을 어떤 바구니에 담을지는 회사가 스스로 정한다.

　첫 번째 바구니인 **당기손익-공정가치측정 금융자산**은 표현 그대로 매년 금융자산을 공정가치로 평가해서 평가손익을 당기손익에 반영하는 것인데, 평가손익은 영업활동과는 무관하므로 금융수익 또는 금융비용에 포함된다.

두 번째 바구니는 **기타포괄손익-공정가치측정 금융자산**인데, 이 바구니에 담긴 금융자산은 공정가치로 평가하되 평가손익을 이익성과에 포함시키지 않고 자본(기타포괄손익)에 반영한다. 단기매매목적이 아닌 주식이라면 공정가치가 변동했다고 하더라도 단기간 내에 손익이 실현될 가능성이 높지 않으므로 평가에 따른 손익을 당기순이익에 반영하지 않고 기업순자산의 변동으로만 처리하는 것이다.

첫 번째와 두 번째의 바구니에 어떤 금융자산을 담을지는 전적으로 회사가 결정하고 해마다 일관되게 적용하면 된다. 단, 단기매매목적의 주식은 무조건 첫 번째 바구니에 담아야 한다.

세 번째 바구니는 **상각후원가측정 금융자산**으로서 공정가치로 평가하지 않는 금융자산인데, 만기까지 보유할 예금이나 채권을 이 바구니에 담는다. 어차피 만기까지 보유할 것이라면 보유기간 중에 공정가치가 변동하더라도 별 의미가 없기 때문에 취득원가 그대로 두는 것이다. 다만, 장부가액과 만기에 받을 금액이 안맞을 경우에는 그 차이를 조정하게 되는데 이를 상각후원가라고 한다.

예를 들어 만기가 3년인 예금에 10억 원을 넣었고 3년 후에 이자를 포함해서 11억 원을 받는다면, 1년 후에는 금융자산의 장부가액을 1년치 이자(3,000만 원으로 가정)가 포함된 금액으로 수정하는 것이 맞다. 이 경우 3,000만 원의 이자수익은 이미 발생된 것이므로 손익계산서의 이자수익에 포함하고, 해당 금융자산을 10억 3,000만 원으로 표시하는데, 이 금액이 상각후원가이다.

● 금융자산을 담는 세 가지 바구니

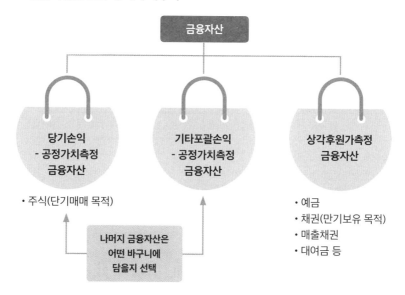

재무상태표

(단위 : 백만 원)

과목	당기말	전기말
II. 비유동자산	777,073	203,777
1. 매출채권및기타채권	1,391	806
2. 기타포괄손익-공정가치측정 금융자산	5,607	5,360
3. 당기손익-공정가치측정 금융자산	1,730	-

9.1 보고기간종료일 현재 회사의 범주별 금융상품 내역은 다음과 같습니다.
(1) 당기말

(단위 : 백만 원)

금융자산	상각후 원가측정	기타포괄손익 공정가치측정	당기손익 공정가치측정	합 계
현금및현금성자산	8,794	-	-	8,794
매출채권및기타채권	2,646	-	-	2,646
기타금융자산	9,264	-	-	9,264
당기손익 -공정가치측정 금융자산	-	-	1,730	1,730
기타포괄손익 -공정가치측정 금융자산	-	5,607	-	5,607
합 계	20,704	**5,607**	**1,730**	28,041

▲ 금융자산 총액 280억 원 중 매년 공정가치로 평가해서 평가손익을 손익에 반영하는 자산이 17억 원이고 평가손익을 자본에만 반영하는 자산이 56억 원이다. 나머지 207억 원은 공정가치평가대상이 아니며 상각후원가로 표시한다.

금융자산평가손익은 어디에, 어떻게 표시될까?

금융자산 중 당기손익-공정가치측정 금융자산 바구니에 담긴 수식은 매년 금융자산을 공정가치로 평가해서 평가손익을 당기순이익에 반영한다. 그러나 기타포괄손익-공정가치측정 금융자산 바구니에 담긴 주식은 해당 주식을 매년 공정가치로 평가해서 평가손익을 자본(기타포괄손익누계액)에 반영한다. 따라서 금융자산을 어떤 바구니에 담느냐에 따라 이익성과가 달라진다.

예를 들어, 상장기업이 삼성전자 주식 10억 원을 사서 이를 당기손익-공정가치측정 금융자산으로 분류했는데, 당기말 현재 시가가 13억 원이 됐다면 자산금액은 13억 원으로 수정되고, 금융자산평가이익 3억 원을 금융수익에 포함시킨다. 그러나 단기매매목적이 아니어서 이 주식을 기타포괄손익-공정가치측정 금융자산으로 분류했다면, 똑같이 평가하더라도 평가손익을 자본의 기타포괄손익누계액에 담게 되므로 당기손익에 아무 영향이 없다.

이렇게 하는 이유는 해당 평가이익이 아직 실현된 것이 아닐뿐만 아니라 다음 해에 다시 떨어질 수도 있기 때문이다. 따라서 이를 당기손익으로 확정하지 않고, 그만큼 순자산이 증가한 셈이므로 자본에 담아두는 것이다.

만약 내년에 12억 원으로 떨어졌다면 금융자산은 12억 원으로 재수정되고, 자본에 담아 두었던 기타포괄손익누계액에서 1억 원을 덜어내게 되므로 기타포괄손익누계액은 2억 원만 남게 된다. 즉, 취득이후 공정가치변동을 계속해서 순자산(자본)에서 가감해 나가는 것이다.

만약 해당 주식을 다음해에 15억 원에 처분한 경우에는 처분가액 15억 원에서 장부가액 12억 원을 차감한 3억 원이 금융자산처분이익으로 나타난다(기타포괄손익누계액에 있었던 그동안의 미실현이익 2억 원은 자본에 그대로 둔다).

비상장기업의 유가증권표시

비상장기업은 유가증권을 단기매매증권, 매도가능증권, 만기보유증권으로 분류하고 공정가치평가에 따른 평가손익을 다음과 같이 처리한다.

과목	대상	분류기준	평가손익처리
단기매매증권	주식·채권	시세차익 목적으로 단기간 매도매수가 빈번한 것	영업외손익
매도가능증권	주식·채권	단기매매 목적과 만기보유 목적이 아닌 것	자본 (기타포괄 손익누계액)
만기보유증권	채권	만기까지 보유할 목적인 것	공정가치평가 안함

앞서 예를 든 사례에서 투자한 회사가 비상장기업이라면 삼성전자 주식을 매도가능증권으로 표시하고, 장부가액 12억 원의 주식을 15억 원에 처분했을 때 처분가액 15억 원에서 취득원가 10억 원을 차감한 5억 원을 매도가능증권 처분이익으로 표시한다(기타포괄손익에 있었던 그동안의 미실현이익 2억 원은 처분과 함께 장부에서 소멸되는 것인데, 처분가액 15억 원에서 장부가액 12억 원을 차감한 3억 원의 이익에, 그동안 담아둔 미실현이익 2억 원이 실현되었으므로 이를 포함해서 5억 원이라고 생각해도 된다).

채권은 언제나 위험한 자산이다

매출채권 및 기타채권의 유형과 의미

재무상태표의 자산 중에서 주의해서 봐야 할 과목 중 하나가 채권자산이다. 채권이란 아직 받지 못한 돈을 의미하는데, 크게는 매출채권(사업상채권)과 기타채권(비사업채권)으로 구분된다. 재무상태표에는 이들을 합쳐서 매출채권 및 기타채권으로 표시하고 과목별 내역은 주석에서 보여준다.

매출채권은 사업상채권으로서 거래처에 대한 매출대금 중 당기말 현재 못 받은 것이다. 일반적으로 기업간 거래B2B : Business to Business의 경우 매출 당시에는 매출대금을 결제하지 않고 일정기간 단위로 모아서 나중에 정산하게 되는데, 이 경우 거래 상대방으로부터 아직 받지 못한 매출대금을 말한다.

　기타채권은 비사업채권으로서 사업과 아무 상관없이 받아야 할 돈을 뜻하는데, 다음과 같은 것들이 있다.

- 미수금 : 재고자산이 아닌 일반 자산을 매각하고 아직 받지 못한 돈
- 대여금 : 누군가(주로 대주주나 임직원, 자회사 등 특수관계인)에게 돈을 빌려 주고 아직 받지 못한 돈
- 미수수익 : 기간경과에 따라 당기에 발생한 이자수익 등을 수익에 반영했지만 아직 받지는 못한 돈

 잠깐!　　　　　　　　　　　　　　　**기타자산이란?**

매출채권이나 기타채권 등 채권은 미래에 받을 돈이므로 금융자산에 속한다. 그러나 기타자산은 채권이 아니므로 별도로 표시하는데, 선급금과 선급비용이 이에 해당한다. 선급금은 계약금 등으로 거래처에 미리 준 돈을 의미한다. 제품이나 서비스대금의 일부를 미리 지급했기 때문에 이후 미리 지급한만큼 제품이나 서비스를 받을 수 있으므로 자산에 해당한다.

선급비용은 미리 시출한 비용인데, 발생주의로 손익을 계산하기 위해서 지출된 비용의 일부를 다음 년도로 넘기는 것이다. 예를 들어, 12월에 1년분 보험료를 120만 원 지출했다면 당기분인 1개월치 10만 원을 제외한 110만 원은 다음 해에 발생하는 비용이므로 비용이 아닌 선급비용이라는 자산(이미 낸 돈으로 다음해에 보험서비스를 받을 수 있다)으로 표시하는 것이다. 내년에 보험서비스기간이 종료되면 선급비용이라는 자산은 보험료라는 비용으로 바뀌면서 소멸하게 된다.

채권자산은 받을 권리와 떼일 위험을 같이 표시한다

채권자산의 금액은 거래당시에 확정된 받을 권리금액이다. 하지만 채권금액이 100% 전액 회수된다는 보장이 없다. 상대방 거래처의 재무적 상황이 어렵거나 돈을 빌려간 측에서 갚지 않으면 못 받을 수밖에 없는데 이런 경우 받을 돈을 떼이는 것을 **대손**이라고 한다. 즉, 채권자산은 받을 권리가 있는 자산이지만, 떼일 위험도 있는 위험자산이다. 채권자산의 이런 특성을 감안하여 재무상태표에는 받을 권리금액 외에 못 받을 위험이 있는 금액을 함께 표시한다.

이에 따라 아직 대손이 확정되지 않았더라도 미리 손실예상액을 추산해서 그 금액을 해당자산에서 차감표시하는데 이를 **대손충당금** 또는 **손실충당금**이라고 한다.

예를 들어, 매출채권금액이 30억 원인데 여기서 대손충당금 3억 원을 차감하여 27억 원으로 표시했다면, 받은 권리가 있는 돈은 비록 30억 원이지만 3억 원은 회수가 불가능하다고 추정하고 미리 비용으로 처리한 것이다. 즉 실제로 회수가능한 채권자산을 27억 원으로 보는 셈인데, 이를 채권의 장부가액이라고 한다. 재무상태표에는 채권자산의 금액에서 아예 대손충당금을 차감한 장부가액으로 표시하고 원래의 채권금액과 대손충당금 내역은 주석에서 상세하게 보여준다.

재무상태표		
매출채권	30억 원	← 받을 돈의 총액
대손충당금	(3억 원)	← 회수가 불가능할 것으로 추정한 금액
	27억 원	← 회수가능한 금액

손익계산서		
대손상각비	1억 원	← 당기에 추가로 반영한 대손충당금비용

▲ 손실예상액은 3억 원이지만 이미 대손충당금이 2억 원이 있어서 당기에 추가로 비용처리한 금액은 1억 원이다.

기업이 보유하는 모든 채권에 대해 대손충당금을 반영하는데, 그 대상은 주로 오랜 기간동안 미회수된 채권이나 상대방 채무자의 지급능력 악화 등의 사유로 회수가 힘들 것으로 예상되는 채권이다. 물론 대손사유가 전혀 없는 정상채권이라면 굳이 대손비용을 미리 반영할 필요가 없다.

자산에서 가장 중요한 이슈 중 하나가 손상인데, 손상이란 자산으로부터 기대되는 미래 추정회수가액이 장부가액에 미달하는 것을 말한다. 결국 대손충당금은 회수가치가 손상된 채권이라고 보면 된다. 만약 채권금액에 대한 대손충당금의 비율이 매년 높아진다면 해당 채권의 회수가능성이 점점 나빠진다는 의미이고, 향후 대손이 확정되면 돈을 받지도 못한 채 매출채권이 장부에서 소멸할 것이므로 영업현금흐름에도 손상을 미치게 된다. 이처럼 대손충당금은 미래 영업현금흐름의 손상을 미리 예고해주는 역할을 한다.

부실재고는 회사 자산이 아니다

재고자산평가가 중요한 이유

재고자산은 판매하기 위한 자산으로 유통기업은 상품을 매입해서 그대로 판매하는 것이므로 상품이 유일한 재고자산이다. 그러나 제조기업은 원재료를 매입해서 제품으로 만들어 판매하므로 원재료, 재공품, 제품 등 다양한 재고자산을 갖고 있다.

결산기말에 재고자산을 평가하는 이유는 재고자산을 평가해야 매출원가가 확정되기 때문이다. 손익계산서의 **매출원가**란 글자 그대로 당기중에 매입(제조)한 재고자산 중에서 매출된 상품(제품)의 원가라는 뜻이다. 아직 팔리지 않고 창고나 매장에 남아있는 기말 재고자산은 비록 돈을 지출했지만 아직 매출된 것이 아니므로 매출원가라는 비용에서 제외된다.

회사에서는 1년 동안 수많은 매입·매출이 반복되는데, 같은 상품·제품일지라도 매입(제조)시점마다 각각 매입(제조)단가가 다르다. 그런데 매출에 따른 이익을 계산하기 위해서 매출할 때마다 일일이 해당 상품의 매입(제조)원가를 식별한다는 것은 거의 불가능하다.

따라서 판매시점마다 건별로 매출원가를 확인하는 대신, 연말 결산시 기말재고액을 파악해서 거꾸로 매출원가를 산출하는 방법을 쓴다. 즉, 기초재고자산과 당기중 매입(제조)원가를 더한 총재고금액에서 기말 현재 팔리지 않고 남아있는 재고자산금액을 차감하면 매출원가가 자동으로 계산된다.

그러므로 기말재고를 과대평가하면 매출원가는 상대적으로 적어져 이익이 늘어나고, 반대로 기말재고를 과소평가하면 매출원가는 상대적으로 많아져 이익이 줄어든다. 즉, 기말재고자산을 어떻

● **매출원가 계산구조**

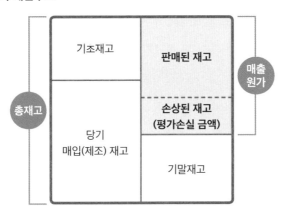

게 평가하느냐에 따라 재무상태표의 자산가액은 물론 당기손익도 달라지기 때문에 이익성과를 계산할 때 재고자산의 정확한 평가가 매우 중요하다.

 잠깐! **매입원가와 제조원가**

도·소매업 등 유통업은 직접 생산을 하지 않고 제조업체로부터 물건을 매입해서 매입한 원가에 마진을 붙여 파는데, 이 경우 매입한 재고를 상품이라고 하며 매입한 금액을 매입원가라고 한다. 매입원가는 상품 매입시점에서 사온 금액으로 확정된다. 그러나 제조업은 제품을 직접 생산하는데, 제품생산에 들어간 원가를 제조원가라고 한다. 제조업도 원재료는 매입을 해야 하므로 매입원가가 발생하며, 사용된 재료비에 가공비(노무비와 경비)를 추가해서 직접 생산하는 것이므로 원가계산을 해야 제조원가를 알 수 있다. 건설업도 원가계산을 통해 공사원가나 분양원가를 산출하는데, 제품생산이나 공사에 들어간 원가내역을 보여주는 것을 원가명세서라고 한다. 원가명세서는 재무제표가 아니므로 공개되지 않고 손익계산서에는 매출원가 금액만 표시된다.

재고자산평가손실은 어디에 숨었나?

재무상태표에 표시된 재고자산은 당기말 현재 보유중인 재고자산으로서 그 금액은 장부가액으로서 매입(제조)원가를 뜻한다. 따라서 판매가로 매출되면 그 금액 이상의 현금이 유입될 수 있다. 그러나 대부분 기업의 매장과 물류창고에는 상품(제품)에 하자가 있어,

판매할 때 장부가액인 원가금액도 받기 어려운 부실재고가 있기 마련이다.

재고자산 중에는 장기간 판매되지 않고 있는 것, 파손되거나 부패된 것, 이미 유행을 지난 것 등의 사유로 회수가치(팔았을 때 받을 수 있는 돈으로 추정되는 금액)가 아예 없거나 원가에 미달하는 것들이 있는데, 이런 것들을 부실재고, 악성재고, 불량재고, 심지어 썩은 재고라고까지 표현한다.

회계기준에 따르면 재고자산은 반드시 저가법으로 평가해야 한다. **저가법**이란 재고자산의 원가와 예상회수가치(추정판매가 등)를 비교해서 둘 중 낮은 금액으로 평가하는 방법이다. 대부분의 정상재고는 장부상 원가보다 회수가치가 높다. 이런 것들은 원가 그대로 두면 되지만, 회수가치가 장부상 원가에 미달하는 부실재고에 대해서는 저가법을 적용하여 이에 따른 평가손실을 반드시 계상해야 한다.

즉, 장부가액과 회수가능액의 차이만큼 가치손상이 발생했다고 보고 이를 해당 기말재고자산 금액에서 도려내야 한다. 재고자산평가손실에 해당하는 금액을 기말재고자산에서 차감했으므로 결국 평가손실만큼 매출원가가 많아진다. 팔린 것도 아닌데 그만큼 매출원가(비용)가 늘어나는 셈이다. 따라서 재고자산평가손실이 많을수록 매출원가가 많아져서 원가율이 상승하게 되므로 재고부실이 발생하지 않도록 관리해야 한다.

예를 들어, 어떤 제품의 총재고가 200박스(원가는 200원)인데, 150

박스가 팔려 기말재고는 50박스가 남았다. 그런데 그 중 10박스 제품에 흠집이 있어 예상판매가가 박스당 150원일 경우 저가법으로 평가하면 제품평가손실이 500원(= 10박스 × (200원 - 150원))이다.

이때 제품평가손실 500원을 무시하면 제품재고는 10,000원으로 평가되지만 평가손실을 감안한 기말재고는 이를 차감한 9,500원으로 평가된다. 이 경우 재고자산평가손실을 해당 재고에서 직접 차감하지 않고 평가충당금이라는 별도의 차감계정을 사용하여 나타낸다. 따라서 재무제표에는 다음과 같이 표시된다.

재무상태표		손익계산서	
제품	10,000	매출원가	30,500*
제품평가충당금	(500)	(순수매출원가 30,000원에	
	9,500	재고자산평가손실 500원이 포함)	

* 매출원가 30,500원 = 제품 총원가 40,000원(= 200박스 × 200원) - 기말재고 9,500원

재고자산평가충당금도 채권에 대한 대손충당금처럼 그만큼 자산 가치가 손상된 것으로 이해하면 된다. 재무상태표에서 유동자산의 거의 대부분을 차지하는 자산이 매출채권과 재고자산인데, 둘 다 자산손상이 생길 수 있다. 하지만 외부감사를 받지 않는 대부분의 기업은 자산손상가능성에 대한 처리를 하지 않아 매출채권과 재고자산이 실제 가치보다 과대평가되고 이로 인해 영업이익도 과대평가되는 경우가 매우 흔하다.

또한 매출채권과 재고자산의 과잉은 가장 1차적인 기업부실의 사유에 해당하기 때문에 두 자산 모두 회전속도(각각 회수속도와 판매속도를 의미한다)가 매우 중요하다. 매출채권이나 재고자산 모두 그 금액이 매출에 비례해서 증가하므로 회전속도는 매출액과의 비교를 통해 알 수 있다. 연도별로 매출액에 대한 매출채권과 재고자산 금액의 비율을 계산해보면 매출채권과 재고자산의 과잉여부를 체크할 수 있다.

만약 매출액에 대한 매출채권의 비중이 높아졌다면 채권의 회수속도가 느려졌다는 증거이며, 매출액에 대한 재고자산의 비중이 높아졌다면 판매속도가 느려졌다는 증거다. 그리고 두 경우 모두 영업현금흐름에도 문제가 발생했음을 암시한다. 또한 매출채권의 대손충당금처럼 재고자산도 평가충당금을 통해 부실재고의 규모를 확인해 볼 수 있다.

● 매출채권과 재고자산 비중이 늘어나는 것을 경계하라!

항목	당기	전기	증감
① 매출액	120억 원	100억 원	20% 증가
② 매출채권	30억 원	20억 원	50% 증가
③ 재고자산	45억 원	30억 원	50% 증가
매출채권 비중(= ② ÷ ①)	25%	20%	비중 상승
재고자산 비중(= ③ ÷ ①)	37.5%	30%	비중 상승

상장기업의 경우 재무상태표에는 재고자산평가충당금을 아예

차감한 장부가액으로 재고자산을 표시하고 재고자산별 평가충당금내역은 주석에서 보여준다. 평가손실금액은 매출원가(비용)에 포함되므로 당기에는 영업이익이 감소하는 영향을 주지만, 향후 폐기처분할 때는 영업현금흐름에도 마이너스(-)의 영향을 미치게 된다. 결국 평가충당금도 대손충당금처럼 미래 영업현금흐름의 손상을 미리 예고하는 것이다.

(주석) 7. 재고자산

매출원가에 포함된 재고자산평가손실은 4,031백만 원(전기: 2,466백만 원)이며......

(단위 : 백만 원)

구분		당기말	전기말
상품		5,270	5,015
상품평가충당금		**(694)**	**(347)**
	소계	4,576	4,668
제품		127,789	71,647
제품평가충당금		**(1,964)**	**(726)**
	소계	125,825	70,921
재공품		1,439	–
원재료		18,259	10,972
원재료평가충당금		**(4,316)**	**(1,870)**
	소계	15,382	9,102
합계		145,783	84,691

▲ 매출원가에 포함된 재고자산평가손실은 40억 원으로 기말재고자산의 2.7%(= 4,031 ÷ 145,783) 수준(전기에는 2.9%(= 2,466 ÷ 84,691))으로 전기와 비슷하다.

유형자산은 매년 비용으로 녹아 없어진다

감가상각비가 뭘까?

재고자산이 판매하기 위한 자산이라면 유형자산은 사업활동에 사용하기 위해 갖고 있는 필수적인 핵심자산이다. 제조업은 기계장치, 유통업은 매장, 항공사나 해운회사는 항공기나 선박이 필요한데, 기본적으로는 차량이나 전산비품이라도 있어야 사업을 할 수 있다. 처음 사업을 할 때는 사업장을 빌려서 쓰지만, 돈을 벌면 사옥(토지와 건물)을 마련하기도 하는데, 이렇게 사업활동에 쓰기 위해 갖고 있는 모든 것들을 **유형자산**이라고 한다.

사용하다가 성능이 더 좋은 새 자산으로 교체하거나 회사가 어려울 때 차입금상환을 위해 유형자산을 매각하는 경우도 있지만,

기본적으로 유형자산은 사업활동을 유지하는 한 현금화할 생각이 없는 것으로서 비유동자산이자 장기성자산에 해당한다.

재고자산과 유형자산을 얻기 위해서는 돈이 들어가는데 이를 취득원가라고 한다. 그러나 취득원가 전액이 지출된 해의 비용은 아니다. 재고자산은 이후 매출이 발생하면서 매출된 부분만 비용처리(매출원가)된다. 판매되지 않은 재고는 수익과 관련비용이 아직 발생한 것이 아니므로 그대로 자산으로 남게 된다.

유형자산은 사용하기 위한 자산이므로 해마다 사용한 만큼을 발생된 비용으로 처리하게 되는데 이를 **감가상각비**라고 한다. 단, 매년 사용정도가 다를 것이고 이를 정확히 측정하기 어렵기 때문에 일반적으로 시간기준으로 계산한다.

즉, 감가상각비는 유형자산의 취득에 들어간 돈을 사용기간(추정내용연수라고 한다)에 걸쳐 해마다 비용으로 넣어서 녹이는 것이다. 따라서 아직 감가상각되지 않은 금액만 장부에 자산으로 남게 된다.

● **유형자산의 감가상각 진행과정**

기계장치 취득원가 10억 원, 추정내용연수 5년, 매년 정액법으로 상각

항목	성격	1차년도	2차년도	3차년도	4차년도	5차년도
① 취득원가		10억 원	10억 원	10억 원	10억 원	10억 원
감가상각비	비용	2억 원	2억 원	2억 원	2억 원	2억 원
② 감가상각누계액	취득원가에서 차감표시	2억 원	4억 원	6억 원	8억 원	10억 원
③ 장부가액(= ① - ②)	자산	8억 원	6억 원	4억 원	2억 원	0

따라서 감가상각비는 해당 자산의 추정내용연수 및 감가상각방법에 따라 금액이 달라질 수밖에 없는데, 상세한 내용은 주석에 나온다.

결국 유형자산 취득자금은 이미 지출되었지만 손익계산서상 비용은 그 이후 사용기간에 걸쳐 반영되고 사용기간이 종료되면 해당 자산의 취득원가는 모두 녹아 없어지는 셈이다.

이 경우 감가상각누계액을 차감한 금액이 현재 남아있는 자산금액인데, 이를 장부가액이라고 한다. 장부가액이 적다는 것은 해당 자산의 사용가능기간이 얼마 남지 않았음을 의미하며 머지 않은 장래에 교체 등을 위한 투자자금이 소요될 수 있음을 암시한다. 단, 내용연수가 끝나서 장부가액이 0이라도 성능에 문제가 없어 사용이 가능하다면 계속 사용하는 경우도 많다.

상장기업의 재무상태표에는 유형자산의 과목별 취득원가에서 그동안 감가상각된 누계금액을 아예 차감해서 표시한다.

유형자산은 사업용자산이므로 감가상각비를 손익계산서에서는 영업비용(제조원가나 판매비와관리비)에 포함시키지만, 현금흐름표에서는 유형자산의 취득과 처분을 투자활동으로 보아 취득에 사용한 돈을 투자활동으로 인한 유출액에 포함시킨다.

이 때 투자로 지출한 돈 중에서 해마다 사용한 만큼을 영업비용으로 처리하는데, 감가상각비는 당기중에 현금유출은 없었던 비용이다. 현금유출은 과거 취득할 때 이미 이루어진 것이고 사용기간에 걸쳐 일정 금액을 비용으로 반영한 것이기 때문이다.

```
┌─────────────────────────────────────────────────────────┐
│    ┌──────────────────────┐                              │
│    │     재무상태표       │                              │
│    └──────────────────────┘                              │
│  기계장치           10억 원   ◀ 취득원가                 │
│  감가상각누계액    (4억 원)   ◀ 취득이후 비용으로 녹은 금액 │
│                      6억 원   ◀ 남은 금액(장부가액)       │
│                                                           │
│    ┌──────────────────────┐                              │
│    │     손익계산서       │                              │
│    └──────────────────────┘                              │
│  감가상각비          1억 원                               │
│  (해당 기계는 생산 현장에서 사용하는 것이므로 제조원가에 포함) │
└─────────────────────────────────────────────────────────┘
```

▲ 해당 유형자산이 제조활동에 사용된 것이 아니라면 판매비와관리비에 표시된다.

감가상각비의 이런 특성을 감안하여 기업의 이익성과를 평가할 때 감가상각비가 차감된 영업이익에 감가상각비를 다시 더하기도 하는데 이를 **상각전 영업이익**EBITDA: Earnings Before Interest, Taxes, Depreciation and Amortization(에비타)이라고 한다. EBITDA는 특히 제조업처럼 해마다 거액의 감가상각비가 반영되어 영업이익이 축소되는 경우 현금기준으로 이익성과를 평가하기 위해 사용하는 지표다.

예를 들어, 어떤 기업의 영업이익이 20억 원이지만 감가상각비가 50억 원일 경우 감가상각비를 무시하면 이 회사가 70억 원을 벌었다고 봐야 한다. 돈은 70억 원을 벌었는데도 불구하고 당기중에 현금유출도 없었던 감가상각비를 비용으로 넣는 바람에 영업이익이 20억 원으로 축소됐다고 보는 것이다.

다만, 이는 정확한 영업현금흐름은 아니고 회계상 영업이익에 단지 감가상각비만 더한 것이므로 상각전 영업이익이라고 한다.

감가상각비가 위험한 이유

감가상각비는 유형자산을 사용하는 한, 매년 반복적으로 발생하는 비용이다. 즉, 유형자산을 사용하지 않고서는 영업활동이 불가능하기 때문에 매출이 줄어들어 적자가 나더라도 감가상각비는 매년 비용으로 반영된다.

이렇게 매출과 상관없이 발생하는 비용을 **고정비**라고 하는데, 감가상각비는 인건비, 임차료, 보험료처럼 대표적인 고정비에 속한다. 고정비의 특성은 "회피불가능"하다는 점이다. 매출이 10% 줄어도 감가상각비 등 고정비가 작년과 동일하게 발생한다면 영업이익은 10% 이상 줄어들게 된다.

이것이 고정비를 리스크^{Risk}로 보는 이유이며, 설비투자가 많은 제조업처럼 감가상각비가 많은 회사는 매출감소시에 고정비가 줄어들지 않아 영업이익에 치명타를 입게 된다. 물론 반대로 매출이 증가할 때는 고정적으로 발생하는 감가상각비 때문에 영업이익이 더 많이 늘어날 수도 있다. 하지만 감가상각비가 지나치게 많은 것은 위험관리 차원에서 부담이 된다.

한편, 원재료비처럼 매출에 비례해서 발생하는 비용을 **변동비**라고 하는데 변동비는 매출이 감소할 경우 같이 감소하므로 위험하지 않다.

● 고정비가 위험한 이유

항목	당기	전기	증감
매 출	80억 원	100억 원	**20% 감소**
(-) 변동비	40억 원	50억 원	**20% 감소**
(-) 고정비	30억 원	30억 원	**불변**
영업이익	10억 원	20억 원	**50% 감소**

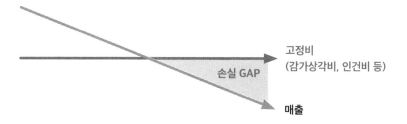

그런데 회사의 연간 감가상각비를 알고 싶어도 손익계산서에는 그 금액이 전부 표시되지 않아서 알기 어렵다. 판매관리비에 속하는 감가상각비는 주석의 판매비와관리비 내역에 그 금액이 따로 표시된다. 하지만 제조업이나 건설업처럼 현장에서 사용하는 장비나 기계의 감가상각비는 제조원가나 공사원가에 들어가는데, 손익계산서에 표시된 매출원가금액은 모든 원가가 포함된 것이어서 그 중 감가상각비가 얼마인지 알 수가 없다.

이런 경우에는 주석에 나오는 비용의 성격별 분류를 참고하면 된다. 여기서는 제조원가와 판매관리비로 흩어져 있는 감가상각비와 인건비 등 모든 영업비용을 회사 전체로 합산해서 보여준다.(255쪽 참조)

토지는 영원불멸의 자산이다

토지재평가손익은 당기순이익에 포함되지 않는다.

유형자산은 감가상각비를 유발하고 이 비용이 매년 영업이익을 갉아먹는 주요 항목인데, 유형자산 중 토지는 감가상각을 하지 않는다. 토지는 노후화되거나 없어지지 않는 영원불멸의 자산이기 때문이다. 오히려 장기적으로는 인플레이션에 따라 그 가치가 상승한다.

이런 경우 토지를 과거 취득당시 샀던 금액(취득원가)으로 그대로 둘 것인지, 아니면 현재의 공정가치로 재평가해서 나타낼지 회사가 선택할 수 있다. 전자를 **원가모형**, 후자를 **재평가모형**이라고 하는데 대부분의 기업은 원가모형을 선택하고 있다.

원가모형에서는 과거 취득당시 원가를 그대로 두는 것이므로 따로 해야 할 일이 없다. 하지만 재평가모형을 선택한 기업은 매년 또는 유의미한 가치변동이 있는 주기별로 반복해서 재평가해야 하는데, 이 경우 감정평가사 등 외부전문가로부터 토지가격에 대한 재평가를 받아야 한다. 재평가의 가장 큰 장점은 자기자본의 확충이다. 증자나 이익창출 없이도 토지재평가로 인해 자산과 자기자본이 쉽게 불어난다.

예를 들어, 20년전에 취득한 토지의 장부가액이 20억 원, 현재 시가가 100억 원일 경우, 재평가모형을 선택하면 토지는 100억 원으로 표시되고 80억 원의 재평가차익이 발생한다.

이 경우 재평가차익은 장기적인 인플레이션의 결과이며 미실현이익이므로 이를 당기의 이익성과로 보지 않는다. 게다가 사업용토지는 사업을 계속하는 한, 처분가능성과 이익실현가능성이 현저히 낮다. 따라서 재평가차익을 당기순이익에 반영하지 않고 자본의 기타포괄손익누계액에 포함시킨다.

이에 따라 자기자본(순자산)은 종전보다 80억 원이나 증가해서 부채비율을 낮추는 효과를 얻게 된다. 그러나 재무상태는 전보다 양호하게 보일 수 있지만, 자기자본이 커져서 **자기자본순이익률**ROE : Return On Equity이 떨어진다는 점은 감수해야 한다.

토지를 원가로 표시한 기업과 재평가한 기업의 순자산은 차이가 날 수밖에 없으므로 주석에서 회사가 어떤 방식을 선택했는지 확인하고 원가모형을 선택한 기업의 경우 토지의 공정가치를 확인해서 자기자본의 실제가치를 따져볼 필요가 있다.

자기자본순이익률(ROE)이란?

자기자본순이익률 = 당기순이익 ÷ 자기자본

주주의 돈인 자기자본에 대해 회사가 얼마나 많은 순이익을 달성했는지를 보여주는 지표로서 주주가 원하는 기대이익률 이상 나와야 기업가치가 유지된다. 일반적으로 주주의 기대이익률은 10~15%로 간주하는데 자기자본순이익률(ROE)이 20%이상일 경우 우량기업이라고 한다.

● 재평가모형을 선택한 기업

(주석) 2.9 유형자산

토지를 제외한 자산은 최초 인식 후에 원가에서 감가상각누계액과 손상차손누계액을 차감한 금액을 장부금액으로 하고 있으며, 토지는 최초 인식 후에 재평가일의 공정가치에서 이후의 손상차손누계액을 차감한 **재평가금액을 장부금액으로 하고 있습니다.** 재평가는 보고기간말에 자산의 장부금액이 공정가치와 중요하게 차이가 나지 않도록 주기적으로 수행하고 있습니다.

재무상태표

(단위 : 백만 원)

과목	당기말	전기말
V. 기타자본항목		
금융자산평가손익	(3,623)	(3,930)
재평가잉여금	**257,013**	**253,337**
기타자본잉여금	9,938	9,938
자본총계	385,156	432,198

포괄손익계산서

(단위 : 백만 원)

과목	당기	전기
당기순이익(손실)	(50,187)	(139,995)
II. 기타포괄손익		
금융자산평가손익	307	356
재평가차익	**3,676**	**253,337**

▲ 회사는 재평가모형을 선택했으며 토지재평가를 통해 전기에는 2,533억 원, 당기에는 36억 원의 재평가차익이 발생했고 당기말 현재 재평가잉여금 2,570억 원을 자본(기타자본항목)에 표시하고 있다. 회사 전체 자본(순자산)의 67%(= 2,570억 원 ÷ 3,851억 원)가 토지재평가에 따른 것이다.

기타포괄손익누계액(자본)은 미실현손익의 창고다

포괄손익이란 넓은 의미의 손익이라는 뜻이다. 회사에 1년 동안 손익이 발생했다는 것은 그만큼 순자산에 변동이 생겼음을 의미한다. 순이익이 10억 원이라면 10억 원만큼 순자산이 증가한 것이고, 순손실이 5억 원이라면 5억 원만큼 회사 순자산이 감소한 것이다.

그런데 순자산은 변동했지만 이걸 딱히 손익이라고 하기가 애매한 것이 있다. 앞서 살펴본 토지재평가차익을 생각해보면 분명 자산가치가 증가한 건 맞는데, 이걸 이익성과라고 보기에는 무리가 있다.

기타포괄손익-공정가치측정 금융자산(비상장기업은 매도가능증권)의 평가이익도 마찬가지다. 평가이익이 발생함에 따라 자산가치는 증가했지만 이를 이익성과에 포함시키지는 않는다. 이런 것들을 넓은 의미의 손익이라는 뜻에서 포괄손익이라고 하며 그 금액을 자본(기타포괄손익누계액(또는 기타자본항목으로 표시하는 경우도 있다)에 표시한 후, 해마다 평가결과를 반영하여 계속 자기자본(순자산)을 수정한다.

앞의 토지재평가 사례기업을 보면 전기말 금융자산 누적평가손실금액은 39억 원인데, 다행히 당기에 3억 원의 금융자산평가이익이 발생해서 당기말 현재 누적평가손실은 36억 원으로 감소했다. 이는 해당 바구니에 담긴 금융자산의 가치가 취득이후 현재까지 36억 원 하락한 상태이며, 그만큼 회사 순자산이 감소했음을 의미한다.

주식투자를 위한 꿀팁!

핵심영업자산이 잘 돌아가야 한다

핵심영업자산이란 회사의 주된 사업활동에 꼭 필요한 자산으로서 영업이익 창출의 기반이 되는 자산을 말하는데, 업종마다 차이가 있다. 금융업의 경우 대출채권과 금융자산이, 제조업과 유통업의 경우 유형자산과 재고자산, 매출채권이 핵심영업자산에 해당한다.

이런 자산은 보유자산의 규모보다 이들이 얼마나 활발하게 움직이는지가 더 중요하다. 정체되기보다는 움직임이 활발해야 하는데, 그 이유는 이들 자산이 얼마나 열심히 일을 했느냐에 따라 영업성과가 달라지기 때문이다. 영업자산이 열심히 일했는지, 놀았는지는 매출액과 해당 영업자산의 크기로써 평가할 수 있는데, 이를 **회전율**이라고 한다.

회전율이 높다는 것은 해당 영업자산규모에 비해 매출을 많이 달성했다는 뜻이므로 해당 자산이 열심히 일한 것으로 판단할 수 있다. 그러나 회전율이 낮다면 해당 영업자산규모에 비해 매출이 적다는 뜻이므로 해당 자산이 놀았거나, 매출액에 비해 해당 영업자산이 너무 많은 것으로 볼 수 있다.

예를 들어, 매출액이 100억 원인 기업이 매출채권 20억 원, 재고자산 40억 원, 유형자산 50억원을 갖고 있다면 매출채권회전율은 5회, 재고자산회전율은 2.5회, 유형자산회전율은 2회가 나온다.

만약 이 회사의 매출액이 120억 원으로 증가하고 매출채권은 30억 원, 재고자산은 60억 원, 유형자산은 80억 원으로 변동했다면 매출채권회전율은 4회, 재고자산회전율은 2회, 유형자산회전율은 1.5회로 각각 하락하게 된다.

● 핵심영업자산이 활발하게 움직여 열심히 일해야 한다

항목	당기	전기	증감
① 매출액	120억 원	100억 원	20% 증가
② 매출채권	30억 원	20억 원	50% 증가
③ 재고자산	60억 원	40억 원	50% 증가
④ 유형자산	80억 원	50억 원	60% 증가
매출채권회전율(= ① ÷ ②)	4회	5회	하락
재고자산회전율(= ① ÷ ③)	2회	2.5회	하락
유형자산회전율(= ① ÷ ④)	1.5회	2회	하락

▲ 매출이 20% 증가했음에도 불구하고 매출채권과 재고자산 및 유형자산은 그 이상 증가했다. 이는 핵심사업자산의 활용도, 즉 수익기여도가 떨어지고 있음을 암시한다.

영업자산에 대한 투자가 증가하면 반드시 그에 비례해서 매출증가라는 결과가 나와야 하는데, 위의 경우에는 영업자산의 매출기여도가 전보다 더 떨어졌음을 뜻한다. 특히 재고자산과 매출채권의 회전율이 떨어졌다는 것은 판매속도와 회수속도가 전보다 느려졌음을 암시한다.

결국 기업이 갖고 있는 영업자산의 규모에 비례해서 매출이 나와야 하는데, 회전율이 전년도에 비해 현저하게 낮아지거나 동종업계 평균에 비해 낮다면 영업에 투자된 돈이 제 기능과 역힐을 못하고 있디는 의미다.

이런 경우에는 자본수익성 악화는 물론 영업현금흐름에도 악영향을 미치게 되므로 재무제표를 통해 핵심영업자산이 제 기능을 잘하고 있는지 눈여겨봐야 한다.

● 사업자산 및 비사업자산의 역할과 수익 구조

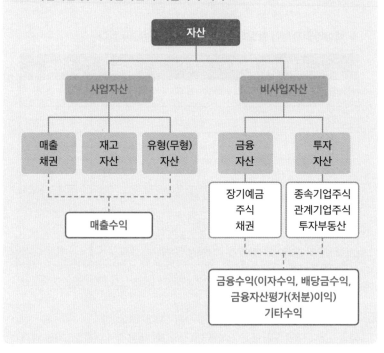

8 매각예정자산은 구조조정을 위해 팔아치울 부동산이다

비유동자산은 원래 장기간 보유하려고 산 자산이다. 하지만 회사가 사업부진으로 어렵다면 현금확보를 위해 당장 할 수 있는 일은 자산을 매각하는 것이다. 이 경우 자산매각계획이 구체적으로 진행되는 상황이라면 처분 예정인 해당 자산을 더 이상 비유동자산으로 표시하지 않는다.

매각이 예정된 비유동자산을 **매각예정자산**이라고 하는데, 이는 유동자산으로 분류한다. 다만, 매각계획이 없는데도 불구하고 이를 악용하여 기업의 유동성을 과장할 수 있으므로 매각예정자산으로 표시하려면 단순한 예정이 아니라 매수자와 구체적인 계약이 이루어져야 하고, 앞으로 1년 이내에 매각절차가 종료될 가능성이 높아야 한다. 그럼에도 불구하고 때로는 매각이 예정대로 진행되지 못해 원래의 비유동자산으로 되돌리기도 한다.

유형자산이 매각예정자산으로 분류되면 그 때부터는 감가상각을 하지 않는다. 또한 매각예정자산은 장부가액 그대로 표시하되, 공정가치가 장부가액보다 더 낮다면 공정가치로 표시하고 평가손실을 반영한다. 자산이 헐값에 매각될 경우 발생할 손실을 미리 앞당겨 인식하는 셈이다.

재무상태표에 매각예정자산이 등장하는 것은 기업이 자산구조조정^{Rebalancing}을 진행하고 있음을 시사한다. 기업이 자산을 매각하는 이유는 대부분 부진한 이익성과 및 현금흐름 때문이거나 이익기여도가 낮은 자산을 처분해서 다른 자산에 투자하기 위한 목적에서 이루어진다.

그러나 매각이 예정대로 마무리되면 회사의 현금성자산은 크게 늘게 되는데, 현금흐름표에서는 영업활동과는 무관하므로 투자활동에 따른 현금유입액에 포함된다. 즉, 매각예정자산은 한마디로 대기중인 현금성자산이라고 보면 된다.

재무상태표

(단위 : 백만 원)

과목	당기말	전기말
기타유동자산	60,582	62,392
매각예정자산	**379,542**	**80**
II. 비유동자산	1,133,741	1,432,133
장기투자금융자산	134,675	132,825
종속기업, 관계기업투자	45,985	36,250

(주석) 16. 매각예정자산

(단위 : 백만 원)

구분	당기말	전기말
토지	367,717	-
건물	11,644	-
구축물	101	-
기타의 유형자산	80	80
합계	**379,542**	80

▲ 매각예정인 자산은 부동산으로서 유동자산으로 분류했으며 내년에 매각이 완료되면 최소한 3,795억 원 이상의 현금성자산 유입이 기대된다.

9 투자자산에 노는 자산이 숨어 있다

투자자산의 의미

비유동자산의 첫 번째 항목인 투자자산은 말 그대로 사업과는 무관한 투자용자산이다. 사업을 통해 이익을 내면 해당 이익금은 사업에 재투자되어 시설투자나 재고자산투자에 사용될 수도 있지만, 보다 높은 이익을 기대하고 주식·채권 등 금융자산, 투자부동산, 종속기업 및 관계기업주식 등에 장기간 투자될 수도 있는데, 이를 **투자자산**이라고 한다. 대부분의 상장기업은 이런 투자자산을 상당 금액 보유하고 있다.

투자부동산은 임대용부동산 또는 미래 시세차익을 목적으로 취득한 부동산을 말한다. 회사사옥처럼 사업활동에 직접 사용하는 부동산은 유형자산에 속하므로 이에 포함되지 않는다.

재무상태표에 이런 투자자산이 있다는 것은 회사에 어느 정도 여유자금이 있다는 증거다. 때로는 여유자금이 없으면서도 차입금으로 투자하는 경우도 있는데 이런 경우는 경계해야 한다. 하지만 중소기업처럼 자금사정이 여유롭지 못한 경우에는 대부분 투자자산이 아예 없거나 소액이다.

투자자산에 대해서는 당초에 투자한 원금이 유지되고 있는지, 투자수익은 어느 정도인지 확인해야 한다. 투자자산 중 가장 안전한 장기성예금의 경우에는 원금훼손이 있을 수 없지만, 투자부동산이나 주식 등의 금융자산은 취득원가대비 당기말 공정가치가 변동했을 가능성이 있기 때문에 이를 확인해야 한다.

아울러 투자자산에 관련된 이자수익이나 배당금수익, 금융자산 평가 및 처분손익 등이 주석에 표시되므로 이를 통해 투자성과가 어떤지 체크해야 한다.

금융자산과 투자부동산의 투자성과를 확인하라!

개인과 마찬가지로 기업이 금융자산과 투자부동산에 투자하는 것은 투자성과, 즉 이익을 얻기 위한 것이다. 따라서 해당 자산이 얼마나 성과를 잘 내는지 체크해야 한다. 기업부실의 시작은 기업자산이 제 기능과 역할을 못하는 데서 비롯되는데, 기업자산의 역할은 돈을 제대로 버는 것이다.

투자목적의 금융자산에 투자된 돈이 제 기능을 하는지는 매년말 금융자산평가손익과 처분손익을 통해 확인할 수 있다. 다만, 회사가 각각의 금융자산을 어느 바구니에 담았는가에 따라 손익계산서의 금융손익에 반영되기도 하고 재무상태표의 자본(기타포괄손익)에 반영되기도 하므로 두 개의 바구니에 어떤 금융자산이 담겨 있는지를 먼저 확인해야 한다.

한편, 투자부동산에 대해서 공정가치평가를 할지의 여부는 회사가 스스로 정한다. 유형자산의 재평가여부를 회사가 스스로 정하는 것과 같다. 그런데 유형자산의 재평가손익은 자본에 반영되지만, 투자부동산의 공정가치평가에 따른 손익은 매년 이익성과에 포함시켜야 한다는 점에서 차이가 있다. 유형자산은 사업활동에 꼭 필요한 자산이므로 재평가에 따른 손익이 매각을 통해 실현될 가능성이 낮은데 비해 투자부동산은 그 실현가능성이 높기 때문이다.

즉, 투자부동산에 대해 공정가치평가를 하기로 결정한 회사는 매년 공정가치로 평가한 후 평가손익을 기타손익에 반영해야 한다. 그런데 만약 부동산가격이 하락하는 경우에는 평가손실 때문에 그 해의 이익성과가 나빠질 위험이 있다.

따라서 대부분의 기업은 투자부동산에 대해서 공정가치평가를 하지 않고, 처음에 샀던 취득원가를 그대로 두는 선택을 하고 있다. 다만, 임대수익이 나오는 건물에 대해서는 매년 감가상각을 해야 하므로 장부가액은 매년 감소하게 된다.

이렇게 투자부동산을 원가로 표시하는 경우에는 투자부동산의 공정가치를 주석에서 알려주므로 이를 통해 당초 투자금액이 잘 유지되고 있는지 체크할 수 있다. 아울러 투자부동산의 임대료 등 투자이익도 주석에서 보여주므로 이를 통해 투자부동산의 운용수익률이 어느 정도인지 파악할 수 있다.

(주석) 3.5. 투자부동산

임대수익이나 시세차익 또는 두 가지 모두를 얻기 위하여 보유하고 있는 부동산은 투자부동산으로 분류하고 있습니다. 투자부동산은 취득시 발생한 거래원가를 포함하여 최초 인식 시점에 원가로 측정하며, 최초 인식 후에 원가에서 감가상각누계액과 손상차손누계액을 차감한 금액을 장부금액으로 표시하고 있습니다.

(주석) 16. 투자부동산

당기 중 투자부동산에서 발생한 임대수익 등은 17,817백만 원(전기: 16,226백만 원)이며, 임대수익 등이 발생한 투자부동산과 직접 관련된 운영비용(유지와 보수비용 포함)은 7,968백만 원(전기: 8,052백만 원)입니다. 당기말 현재 투자부동산의 공정가치는 450,999백만 원입니다. 회사는 보유중인 투자부동산으로 분류된 부동산에 대해 운용리스를 제공하는 계약을 체결하고 있으며, 동 운용자산의 장부가액은 아래와 같습니다.

(단위 : 백만 원)

구분	당기말	전기말
투자부동산	174,940	131,809

▲ 투자부동산을 원가로 표시하고 있으며 취득원가는 1,860억 원, 당기말 장부가액은 1,749억 원이나 당기말 공정가치는 4,510억 원에 달한다. 임대수익에서 운영비용을 차감한 투자수익률은 5.3% {= (178억 원 - 79억 원) ÷ 1,860억 원}로서 양호한 편이다.

(주석) 30. 금융수익

당기와 전기 중 금융수익 내역은 다음과 같습니다.

(단위 : 천 원)

구분	당기	전기
이자수익	192,298	112,103
배당금수익	40,333	40,333
당기손익-공정가치측정 금융자산평가이익	**503,356**	-
기타금융수익	153,186	-
합계	889,173	152,436

▲ 당기에 금융자산으로부터 발생한 투자수익은 8.9억 원으로서 전기보다 대폭 증가했는데, 가장 큰 이유는 금융자산에서 발생한 평가이익(5억 원)때문이다.

특수관계인과 돈거래하는 회사를 조심하라!

투자자산과목 중에 장기대여금이라는 것이 있다. 대여금은 빌려준 돈이며 대여기간에 따라 단기대여금과 장기대여금으로 구분된다. 재무상태표에 표시된 금액은 대여금 중 당기말 현재 돌려받지 못한 잔액을 의미한다.

은행 같은 금융회사를 제외하고는 자금대여가 사업목적이 될 수 없으므로 일반기업의 대여금은 전형적인 비사업자산이다. 대여금은 주로 임직원이나 대주주, 자회사 등 특수관계인에게 제공된 자금이라고 보면 된다. 비사업자산이라고 하더라도 자금을 대여해서 적정한 이자를 받으면 문제가 없다. 하지만 상대방이 특수관계인이다 보니 대부분 이자를 안 받거나 낮은 이자를 받는 경우가 많아 일반적으로는 성과 없는 무수익자산에 해당한다. 이런 경우 대여금은 일하지 않고 노는 자산에 해당한다.

만약 대여금의 원천이 자기자본이 아닌 이자비용이 발생하는 차입금이라면 더욱 심각하다. 설령 자기자본이라고 하더라도 자금의 원가(자본비용)는 발생하는 것인데, 주주 돈으로 투자한 자산이 제대로 성과를 못내면 기업은 부실해질 수밖에 없다. 따라서 총자산 중 대여금의 비중이 높은 기업은 위험하다고 봐야 한다.

 잠깐! **자본비용이 뭔가요?**

기업이 사용하는 자본은 절대 공짜가 아니다. 투자자가 기업에 돈을 투자할 때는 일정수익을 기대하고 투자하는 것인데, 그 투자의 대가로 요구하는 것을 자본비용이라고 한다. 은행이 돈을 빌려줄 때는 만기까지 발생할 돈가치 하락(인플레이션)위험과 채무불이행위험을 반영한 이자를 요구하는데, 이것이 대출금리다. 금리는 투자자인 은행이 대출금에 따르는 위험을 보상받기 위한 요구(기대)수익률이며 이를 지급해야 하는 기업입장에서는 돈의 사용대가, 즉 자본비용인 셈이다. 신용위험이 높은 기업일수록 적용되는 금리는 높아진다. 주주 돈인 자기자본에도 자본비용이 발생한다. 투자원금을 회수할 법적 권리가 있는 은행보다 주주의 투자위험은 훨씬 높다. 이렇게 높은 투자위험의 대가로 주주가 원하는 기대수익률을 주주자본비용 또는 자기자본비용이라고 하는데, 적어도 자기자본의 10~15%로 본다. 즉, 회사가 갖고 있는 주주 돈에 대해서 최소한 이 정도의 순이익을 달성해야 주주만족을 달성하고 기업가치가 상승한다.

대여금자산이 많다는 것은 사업의 본질에 충실하지 않다는 증거이며 일부 기업의 경우에는 대여금을 제공한 이후 회수불능을 이유로 손상처리하기도 한다. 또한 외부감사를 받지 않는 기업의 경우에는 실제로 대여된 돈이 아니라 가공자산인 경우도 있다. 이미 지출했거나 사업과 무관하게 임의로 사용한 돈을 대여금이라는 자산으로 둔갑시킨 것으로서 일종의 유령자산인 셈이다. 따라서 모든 대여금은 장기든 단기든 불건전자산이므로 주석을 통해 상세한 내용을 확인할 필요가 있다.

재무상태표

(단위 : 백만 원)

과목	당기말		전기말	
자산				
I. 유동자산		11,053		12,488
1. 현금및현금성자산	640		3,565	
7. 단기대여금	**5,852**		422	
자산총계		**11,905**		13,871

▲ 단기대여금 58억 원은 금액도 많지만, 그 비중이 총자산(119억 원)의 50%에 달하는 것은 매우 비정상적이고 위험하다.

모회사와 자회사는 지분빨대로 맺어진 이익공동체다

종속기업주식은 뭐고 관계기업주식은 뭔가?

기업이 다른 회사 주식을 사는 이유는 여유자금운용을 통해 시세차익을 얻기 위한 것도 있지만 사업확장을 하거나 수직계열화를 통한 시너지효과를 내기 위해 다른 회사의 지분을 인수하는 경우도 있다. 특히 상장기업은 기업들끼리 지분소유를 통해 서로 결합된 경우가 많기 때문에 재무제표에서 지분투자한 기업의 성과를 체크하는 것이 매우 중요하다.

상장기업 재무상태표에는 종속기업주식과 관계기업주식 등 다양한 주식투자 관련 과목이 나타난다. 금융자산에 속하는 주식은 일반적으로 매매를 통한 시세차익을 목적으로 취득한 것이지만, 종속기업주식과 관계기업주식은 취득목적이 전혀 다르다.

만약 A기업이 B기업의 주식을 100% 인수했다고 가정하자. 지분을 100% 갖고 있다는 것은 A기업 이외에 그 어떤 누구도 B기업의 경영에 관여할 수 없다는 뜻으로서 모든 의사결정권을 A기업이 갖게 됨을 의미하는데 이를 **지배력**이라고 한다. 이런 경우 A기업을 지배기업, 지배당하는 B기업을 종속기업이라고 하며 A기업의 재무상태표에는 B기업의 주식을 **종속기업주식**으로 표시한다.

여기서 지배력이 있다고 판단하는 기준은 지분율이 50%를 초과하거나 사실상 지배하는 힘을 갖고 있는 경우다. 만약 지분율 50%에서 1주라도 더 보유하면 지배력을 갖게 되므로 해당 기업에 투자된 돈을 종속기업주식으로 표시한다.

또한 50%까지는 아니지만 20% 이상의 지분을 보유한 경우에는 **영향력**을 행사할 수 있는 관계로 보는데, 이를 **관계기업주식**이라고 한다.

종속기업주식이나 관계기업주식은 매매를 통해 차익을 얻기 위한 금융자산투자 목적으로 취득한 주식이 아니므로 이를 금융자산에 포함시키지 않고 별도 과목으로 표시한다. 또한 지배력과 영향력을 행사하기 위해 장기간 계속 보유할 것이므로 번거롭게 매년 공정가치로 평가할 필요가 없다. 이에 따라 재무상태표에 나타난 금액은 과거에 해당 기업의 지분을 취득할 당시의 취득원가를 뜻한다.

그런데 종속기업의 지분 50%를 초과해서 소유한 지배기업과 종속기업은 비록 법적으로는 다른 회사지만 실질적으로는 한 회사라고 봐야 하며, B기업의 이익성과 중 A기업의 지분비율에 해당하는 만큼은 A기업의 것임을 의미한다.

따라서 종속기업을 갖고 있는 지배기업(모기업)은 자신의 재무제표(별도재무제표라고 한다)와 모든 종속기업의 재무제표를 합산한 재무제표를 또 한번 작성하게 되는데 이를 **연결재무제표**라고 한다. 연결손익계산서의 지배회사지분 당기순이익에는 지배기업의 순이익은 물론 종속기업의 순이익 중 지배회사지분에 해당하는 금액도 포함된다. 더불어 관계기업주식에 대해서는 지분법을 적용하여 관계기업의 순이익에 대한 지분도 긁어와서 포함시키게 된다.

지분법이란 일종의 빨대회계로서 지분율 20% 이상을 투자한 기업의 순이익에 대해 지분율에 해당하는 금액을 투자한 기업의 자산과 손익에 반영하는 방법이다.

예를 들어, A기업이 B기업의 지분 중 20%를 10억 원에 취득했을 경우 취득원가는 10억 원이지만 연말에 B기업이 3억 원의 순이익을 냈다면, 지분빨대를 꽂은 A기업은 자기지분 20%인 6,000만 원을 빨아와서 관계기업주식의 장부가액을 6,000만 원 증액시키고, 같은 금액을 **관계기업투자이익**이라는 과목으로 A기업의 연결손익계산서에 포함시키는 방식이다. 재무제표에서는 투자한 지분비율이 20% 이상인 B기업을 별도의 독립된 기업으로 보지 않고 A기업의 사업부 정도로 보는 셈이다. 결국 모회사인 지배기업과 자회사인 종속기업 및 관계기업은 이익공동체로서 자회사의 모든 이익이 연결이나 지분법 적용을 통해 모회사인 지배기업의 손익에 합산된다.

한편 지배기업이 종속기업주식과 관계기업주식을 모두 가지고 있는 경우에는 연결재무제표에서 어차피 관계기업주식을 지분법으로 평가하게 되므로 별도재무제표에는 지분법을 반드시 적용할 필요가 없다. 이 때에는 지분법과 **원가법**(관계기업주식을 지분법으로 평가하지 않고 취득할 당시의 원가로 그대로 두는 방법을 말한다) 중 회사가 선택한 방법으로 할 수 있다. 하지만 지배기업이 종속기업주식 없이 관계기업주식만 가지고 있는 경우에는 별도재무제표에서 관계기업주식을 반드시 지분법으로 평가해야 한다. 이는 종속기업주식을 가지고 있지 않아 연결재무제표를 작성할 의무가 없기 때문이다.

종속기업과 관계기업 등 자회사를 가진 지배기업의 경우에는 자회사의 성과가 모두 합산된 연결기준의 이익성과로 기업가치가 결

● 지배기업, 종속기업, 관계기업의 의미와 주식평가방법

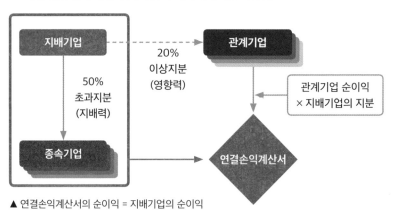

▲ 연결손익계산서의 순이익 = 지배기업의 순이익
　　　　　　(+) 종속기업의 순이익
　　　　　　(+) 관계기업의 순이익에 대한 지배기업지분
　　　　　　(-) 비지배지분순이익 ← 종속기업 순이익 중 지배기업지분이 아닌 것

정되므로 자신의 이익성과 외에 자회사의 이익성과가 매우 중요한 역할을 한다. 따라서 지배기업의 주주는 지배기업의 이익성과는 물론 주석이나 연결재무제표를 통해 자회사의 이익성과가 어떤지 같이 체크해야 한다.

재무상태표

(단위 : 백만 원)

과목	당기말	전기말
II. 비유동자산		
1. 매출채권및기타채권	1,391	806
2. 기타포괄손익-공정가치측정 금융자산	5,607	5,360
3. 당기손익-공정가치측정 금융자산	1,730	-
4. 기타금융자산	236	183
5. 종속기업투자	545,833	-
6. 관계기업투자	45,894	64,553

(주석) 3.1. 종속기업 및 관계기업 투자

회사는 종속기업에 대한 투자자산에 대하여는 기업회계기준서 제1027호에 따른 원가법을 선택하여 회계처리하고, 관계기업에 대한 투자자산에 대하여는 기업회계기준서 제1027호에 따라 최초에 취득원가로 인식하며 이후 지분법을 적용합니다.

▲ 종속기업주식 5,458억 원은 투자 당시 지출한 취득원가이며, 관계기업주식 458억 원은 취득 이후 발생한 관계기업의 순이익에 대한 지분을 가감한 지분법평가액이다.

● 삼성전자의 별도손익계산서와 연결손익계산서

손익계산서

삼성전자주식회사 (단위 : 백만 원)

과목	당기	전기
Ⅰ. 매출액	211,867,483	199,744,705
Ⅱ. 매출원가	152,589,393	135,823,433
Ⅵ. 당기순이익	25,418,778	30,970,954
기본주당이익(단위 : 원)	3,742	4,559

연결손익계산서

삼성전자주식회사와 그 종속기업 (단위 : 백만 원)

과목	당기		전기	
Ⅰ. 매출액		302,231,360		279,604,799
Ⅱ. 매출원가		190,041,770		166,411,342
Ⅲ. 매출총이익		112,189,590		113,193,457
판매비와관리비	68,812,960		61,559,601	
관계기업투자이익	1,090,643		729,614	
Ⅵ. 당기순이익		55,654,077		39,907,450
지배기업 소유주지분	54,730,018		39,243,791	
비지배지분	924,059		663,659	
기본주당이익(단위 : 원)		8,057		5,777

▲ 삼성전자의 별도재무제표상의 매출액과 당기순이익은 각각 211조 원과 25조 원이지만, 종속
기업의 매출을 합산한 매출은 302조 원이며, 종속기업의 순이익 및 관계기업의 이익지분 1조
원을 모두 합산할 경우 삼성전자 주주에게 돌아갈 순이익은 54조 원, 1주당 8,057원이다.

비상장기업의 주식·채권 분류

비상장기업의 경우에는 투자한 기업에 대한 지분율이 20% 미만인 경우에는 매도가능증권으로 분류하고 매년 공정가치로 평가해서 그 평가손익을 자본에 반영한다. 그러나 20% 이상의 지분을 보유한 경우에는 **영향력**을 행사할 수 있는 관계로 보고 **지분법적용주식**이라는 과목을 사용하며 해당 주식을 매년 지분법으로 평가한다.

한편, 만기까지 보유할 채권은 만기보유증권으로 분류하고 상각후원가로 측정한다.

과잉투자를 경계하라!
투자실패가 곧 사업실패로 이어진다

비유동자산은 장기간에 걸쳐 보유할 자산으로 오랫동안 돈이 잠기는 특징이 있다. 게다가 투자자산과 유형자산의 취득에는 거액의 자금이 소요되므로 일정 부분을 외부차입금으로 충당하는 것이 일반적이다. 이 경우 비유동자산에 투자된 돈이 자본비용을 초과하는 이익성과를 내는지가 중요하다.

유형자산투자가 미래의 매출증가로, 투자자산투자가 미래의 투자수익으로 이어진다면 아무 문제가 없지만, 그렇지 못할 경우에는 재무적인 문제가 발생할 수밖에 없다.

투자자산 중 다른 회사에 대한 지분투자가 가장 위험하다. 성장가능성을 보고 투자한 회사가 계속 적자를 낸다면 투자한 기업이 보유한 해당기업의 지분가치는 손상될 수밖에 없고 나중에는 결국 손상처리하거나 헐값에 매각할 수밖에 없기 때문이다.

따라서 지분투자는 매우 신중해야 하는데, 위험과 수익이 정비례하다보니 사업확장을 위해서 공격적으로 투자하는 경우도 있다. 특히 사업이 성숙기에 들어서서 어느 정도 자금여유가 생기다보면 자신감과 욕심에 과잉투자를 범하게 된다.

사업의 1차적인 부실은 매출채권과 재고자산 등 영업자산으로부터 발생한다. 장기간에 걸쳐 재고자산이 팔리지 않거나 매출채권이 회수되지 않는다면 심각한 위험에 처할 수밖에 없다. 하지만 이런 영업자산에 전혀 문제가 없는 기업도 때로는 부실위험에 처하게 되는데, 그 이유는 과잉투자다.

과유불급이라는 말이 있듯이 매사에 너무 지나치면 안된다. 투자자산과 유형자산의 비중과 증가추이를 보면 회사의 성장전략을 읽을 수 있으며 과다여부도 체크할 수 있다. 최근 이런 투자를 많이 실행한 기업에 대해서는 투자 이후에 투자한 만큼 매출이 증가하고 투자이익이 발생하는지 꼭 따져봐야 한다.

11 소유권 없이 사용권만 있어도 자산이다

　재무상태표에 나오는 **사용권자산**은 빌려 쓰는 자산, 즉 리스자산을 의미한다. 유형자산 취득에는 상당히 많은 자금이 필요하다. 이런 경우 은행으로부터 대출을 받아 해당 자산을 취득해도 되지만 리스회사가 보유한 자산을 매월 일정대가(리스료)를 주고 빌려 쓰는 방법이 있는데 이를 **리스**Lease라고 한다.

　리스는 형식적으로는 임대차계약이지만 계약내용에 따라 리스 기간이 끝나면, 즉 리스료를 모두 내고 나면 해당 자산의 소유권을 넘겨 받는 경우도 있고 해당 자산을 다시 반납해야 하는 경우도 있다. 전자를 **금융리스**, 후자를 **운용리스**라고 한다. 금융리스는 리스료를 다 내고 나면 어차피 리스이용기업의 자산이 될 것이므로 처음부터 리스자산을 리스이용기업의 자산(기계장치나 차량 등에 포함시킨다)으로 표시하고 앞으로 상환할 리스료를 부채로 표시한다. 리스거래를 금융거래, 즉 자금차입거래로 보는 셈이다. 이에 반해 운용리스는 리스거래를 단순한 임대차거래로 보고 매월 나가는 이용료만 비용으로 처리할 뿐 관련 자산과 부채를 표시하지 않는다.

그러나 상장기업은 비상장기업과 달리 리스거래를 성격별로 나누지 않으며, 모든 리스거래에 대해 해당 리스자산과 부채를 표시해야 한다. 이 때 리스자산을 회사가 소유하는 자산과 구분해서 사용권자산이라는 과목을 사용한다. 이는 소유권 없이 사용권만 있다는 의미인데, 사용권자산도 결국 영업활동에 사용하는 것이기 때문에 유형자산과 마찬가지로 매년 감가상각을 해야 한다.

또한 앞으로 지급할 리스료는 부채로 표시되고 매년 상환할 때마다 차감해서 정리된다. 즉, 사용권자산의 내용연수와 리스기간이 5년이라면 사용권자산은 5년간 감가상각되면서 5년 후 전액 소멸하고, 부채 또한 5년에 걸쳐 상환되면서 5년 후에는 모두 없어진다.

재무상태표에 사용권자산이 많은 기업은 항공사처럼 유형자산 투자액이 큰 기업인데, 유형자산 투자액이 크다는 것은 감가상각비가 많다는 뜻이며 관련 리스부채를 상환하는 기간 동안 이자부담액도 크다는 의미다.

재무상태표

(단위 : 백만 원)

과목	당기말	전기말
유형자산	643,121	921,567
투자부동산	10,643	59,891
무형자산	2,323	2,323
장기대여금	80,036	44,026
사용권자산	**181,681**	185,908

(주석) 17. 리스

가. 당기말 현재 리스사용권자산의 구성내역은 다음과 같습니다.

(단위 : 백만 원)

구분	취득금액	감가상각누계액	장부금액
토지 및 건물	199,829	(19,572)	180,257
차량운반구	3,923	(2,499)	1,424
합계	203,752	(22,071)	**181,681**

▲ 사용권자산의 장부가액이 1,816억 원인데, 비록 소유권은 없지만 유형자산과 마찬가지로 사업활동에 사용하는 자산이므로 유형자산과 같다고 보면 된다. 즉, 사용권자산을 포함할 경우 회사의 실질적인 유형자산은 8,247억 원(= 6,431억 원 + 1,816억 원)이다.

미래를 위해 투자한 연구개발비는 비용인가, 자산인가?

무형자산의 유형과 의미

무형자산은 유형자산과 달리 실물형체는 없지만 영업활동에 사용되는 자산이다. 대표적인 것이 특허권, 상표권 등과 같은 산업재산권(지식재산권)이다. 이런 자산은 법적권리를 취득함에 따라 회사가 해당 특허기술이나 상표를 일정기간 독점적으로 사용할 수 있는 권리를 법으로 보장받은 것이므로 미래 매출수익의 동력이 될 수 있기 때문에 자산으로 본다. 법적으로 사용권리를 보장받은 것이므로 이를 자산으로 보는 데는 아무 문제가 없다. 또한 기업이 영업활동에 사용하기 위해 취득한 골프회원권 등도 무형자산에 속한다.

단, 무형자산의 자산가치는 영원할 수 없기 때문에 유형자산의 감가상각처럼 특허자산을 통해 수익을 얻을 것으로 기대되는 기간에 걸쳐 매년 비용으로 녹여야 한다. 이를 **무형자산상각비**라고 하며 판매비와관리비에 포함한다. 상각기간은 감가상각비처럼 회사가 정하는 것인데, 최대 20년을 넘을 수는 없다.

다만, 회원권처럼 사용기간이 특정되지 않은 무형자산은 정기적으로 상각하지 않고 매년 자산가치 유지여부를 검토(손상검사라고 한다)해서 손상된 금액을 비용처리하고 장부가액을 감액시킨다.

재무상태표에 표시된 특허권 금액이 4억 원이라면 특허자산 취득을 위해 지출된 비용 중 아직 상각하지 않고 남은 금액이 4억 원이라는 뜻이며, 이는 앞으로 남은 기간 동안 매년 비용으로 반영된다.

무형자산상각비도 감가상각비처럼 당기에 돈이 나간 것은 아니기 때문에 현금유출이 없는 비용이다. 따라서 상각전 영업이익 EBITDA을 계산할 때 감가상각비와 함께 영업이익에 더해진다.

4차 산업혁명시대, 기술자산이 미래의 수익창출력이다

무형자산 중 가장 이슈가 되는 항목이 **연구개발비**R&D cost다. 기술산업인 반도체제조업, 제약·바이오산업, IT산업은 물론 식품산업에 속하는 기업들은 매년 엄청난 금액의 연구개발비를 지출한다. 기업의 성장과 지속가능성은 끊임없는 신제품·신기술 개발을 통해서만 가능하다. 새로운 기술도 몇 년이 지나면 더 나은 신기술로 빠르게 대체되기 때문이다.

　연구개발비란 연구비Research와 개발비Development의 합성어인데, 연구부서에서 발생하는 일상적인 연구활동에 따른 연구비는 항상 판매비와관리비에 포함된다. 이와 달리 개발비는 자산으로 표시할 수도 있는데 연구활동과 별도로 특정 기술이나 제품을 개발하기 위한 개발비를 지출했다고 하더라도 성공가능성이 불확실하다면 함부로 자산으로 처리하지 못한다.

　즉, 개발의 초기단계에서 발생하는 개발비는 항상 비용으로 처리해야 하는데, 만약 새로운 기술과 제품개발에 성공해서 시제품 단계를 거친 후 본격적인 판매를 위한 상업적 생산단계에 들어갔다면 해당 건에 대해 이후 발생하는 추가적인 개발비용을 자산으로 표시할 수 있다.

　이렇게 개발비를 자산으로 처리하기 어렵게 만든 이유는 자산가치, 즉 미래 수익창출력이 매우 불확실한데도 불구하고 개발비를 자산으로 표시해서 투자자를 기만할 수 있기 때문이다. 결국 개발비의 자산가치는 해당 건으로 인한 장래 매출의 실현가능성이 거의 확실해야만 인정되는 셈이다.

　4차 산업혁명시대에 기술산업의 핵심자산은 기술자산, 즉 개발비의 규모다. 기술산업에 속하는 기업은 이 규모가 클수록 미래 수익창출력이 크다고 봐야 한다.

하지만 미래 매출의 불확실성도 매우 높다. 그래서 다른 무형자산처럼 20년 이내의 기간을 정해서 매년 상각해나가야 하는데, 재무상태표에 개발비자산이 유독 많다면 그 구체적인 실체가 무엇이며 자산가치가 어느 정도인지, 또한 상각기간이 지나치게 길다면 너무 낙관적인 추정은 아닌지 따져봐야 한다.

이와는 별도로 1년간 지출하는 연구개발비 규모도 확인할 필요가 있다. 연구개발비의 과다한 지출은 성공하면 기회일수도 있지만, 지나치면 그 자체가 위험요인일 수도 있다. 실제로 사업초기에 과다한 연구개발비 지출로 도산한 기업들도 많다. 우리나라 1등 기업인 삼성전자의 경우 매년 매출액의 8~9%를 연구개발비로 지출하고 있으며 이를 통해 끊임없이 기술력과 기술자산을 키우고 있다.

회사도 부동산처럼 P(프리미엄)가 붙어 거래된다

영업권은 인수합병거래(M&A)의 결과물이다

기업은 벌어들인 이익금으로 사업자산을 취득하여 스스로 더 많은 매출과 이익성과를 얻기도 하지만, 다른 기업을 인수하거나 합병하여 덩치를 키우기도 한다. 이를 인수합병, 즉 **사업결합**M&A이라고 한다.

인수Acquisition란 다른 기업의 주식지분을 사들이는 간접결합방식이고, **합병**Merger은 다른 기업 전체(자산·부채)를 사들여 아예 합치는 직접결합방식이다. 어떤 경우이든 인수합병이란 기업을 사고 파는 거래이므로 가장 큰 이슈는 대상기업의 가치를 얼마로 매길 것인지, 즉 인수가액을 결정하는 문제다.

이런 경우 대상기업의 순자산가치(공정가치)대로 거래하는 경우는 드물다. 순자산에는 미래 이익이 포함되지 않은 것이므로 여기에 미래 이익을 평가한 프리미엄Premium이 붙는데, 이를 **영업권**이라고 한다.

만약 공정가치로 평가한 자산과 부채의 차액, 즉 순자산가치가 100억 원인 기업을 합병하면서 그 대가로 130억 원을 지급했다면, 초과지급액 30억 원을 영업권이라는 자산으로 본다. 즉, 30억 원을 비싸게 사서 발생한 손실이 아니라 합병으로 인해 향후 얻게 될 합병시너지 또는 초과수익력의 원천으로 보는 셈이다.

영업권은 합병거래를 통해 지급한 초과지급액으로서 이후 미래 이익창출력은 불확실하지만, 합병기업의 무형자산으로 표시된다. 그러나 영업권의 자산가치가 영원할 수는 없기 때문에 매년 자산가치가 유지되는지 검토하여 훼손된 부분이 있으면 손상처리하게 된다.

이와 반대로 경기불황시 기업매물이 증가하여 해당기업의 순자산가치보다 싸게 합병한 경우에는 그 차액을 **염가매수차익**이라는 수익으로 표시한다. 염가매수차익은 합병시 기업을 싸게 인수하면서 발생한 이익으로서 기타수익에 속한다.

한편, 주식지분을 사는 방식으로 간접결합하는 경우에는 지분비율에 따라 종속기업주식이나 관계기업주식으로 처리하는데, 이 경우에는 영업권 또는 염가매수차익을 별도로 구분하지 않고, 취득가액 전액을 해당 주식의 원가로 표시한다. 즉, 취득가액 안에 영업권이 포함되는 것이다.

● 영업권과 염가매수차익

항목	상황 1	상황 2
① 자산(공정가치)	600억 원	600억 원
② 부채(공정가치)	400억 원	400억 원
③ 순자산(공정가치)	200억 원	200억 원
④ 인수대가	300억 원	150억 원
영업권(= ④ - ③)	100억 원	-
염가매수차익(= ③ - ④)	-	50억 원

재무상태표

(단위 : 백만 원)

과목	당기말	전기말
유형자산	474,712	485,050
사용권자산	215,095	262,694
투자부동산	6,697	3,002
영업권	**837,580**	1,270,704
무형자산	3,790	4,230

(주석) 15. 영업권과 무형자산

(1) 당기 중 영업권과 무형자산의 변동내역은 다음과 같습니다.

(단위 : 백만 원)

구분	영업권	상표권	회원권
취득원가			
기초금액	1,683,324	336	4,804
취득금액	–	17	–
기말금액	1,683,324	353	4,804
상각누계액 및 손상차손누계액			
기초금액	(412,619)	(266)	(1,032)
무형자산상각비	–	**(29)**	–
손상차손	**(433,125)**	–	**(40)**
기말금액	(845,744)	(295)	(1,072)
장부금액			
기초금액	1,270,705	70	3,772
기말금액	**837,580**	58	3,732

(2) 영업권의 손상검사

① 당사는 매년 영업권의 손상 발생여부에 대한 손상검사를 수행하고 있습니다. 영업권의 손상차손은 현금창출단위집단을 기준으로 회수가능가액을 산출하며, 이러한 산출과정은 회계추정을 요구하고 있습니다.

▲ 상표권은 정기 상각분 2천 9백만 원을 비용으로 반영했으나 영업권은 4,331억 원을 손상처리하고 회원권은 4천만 원을 손상처리했다. 영업권의 손상차손누계액은 당초 영업권금액의 절반인 8,457억 원에 달해 현재 당기말 장부가액은 8,375억 원만 남았다.

투자하기 전,
회사의 재무상태를 봐야 하는 이유

주식을 산다는 것은 곧 그 기업의 주인이 되는 것으로서 투자한 회사와 장기간 동행하는 것이다. 하지만 시장상황과 기업의 사업성과는 해마다 그 변동성이 매우 높기 때문에 장기투자가 결코 쉽지 않다.

경기 호황기에는 잘 나가던 기업도 경기사이클상 업황침체기에 들어서거나 때로는 성과부진에 따라 주가가 하락하게 되는데, 이때 대부분의 투자자는 버티지 못하고 손실을 본 상태로 매도하는 경우가 많다. 이런 경우 투자 당시 가졌던 기업에 대한 믿음과 신뢰가 흔들리지 않으려면 투자한 기업이 재무적으로 튼튼해야만 한다.

재무상태가 불안정한 기업의 경우 실적이 나빠 주가가 떨어지면 다시 회복하지 못하고 이대로 부실기업으로 전락할지도 모른다는 공포감에 사로잡혀 결국 손절을 선택하게 된다.

즉, 주가는 기본적으로 상승과 하락을 반복하는 변동성이 본질적인 특징인데, 주가 하락시 재무상태가 양호한 기업은 큰 걱정이 없으나 재무상태가 부실한 기업의 주식은 불안해서 결코 오래 보유할 수가 없다.

따라서 투자대상 기업을 선택할 때 가장 중요하게 봐야 하는 것은 수익성, 미래 성장성 및 사업위험이지만 이런 이유 때문에 재무적인 안정성도 함께 고려해야 한다.

CHAPTER

3

재무상태표의 부채로
어떤 빚이
얼마나 있는지 본다

사업자본은 절대 공짜가 아니다

부채의 유형과 의미

자산이 미래에 들어올 돈이라면 부채는 갚아야 할 돈이다. 즉 기업이 누군가에게 진 빚이라고 생각하면 되고 부채가 소멸하기 위해서는 반드시 현금 등 자산이 유출돼야 한다. 따라서 대부분의 부채는 금융부채에 해당한다. 금융부채란 금융자산과는 반대로 미래에 부채상환을 위해 돈이 나가야 하는 부채를 말한다. 한마디로 돈으로 갚아야 하는 것이 금융부채인데, 차입금이나 매입채무 등은 돈으로 갚는 것이므로 대부분의 부채가 이에 해당한다.

자산의 가장 큰 위험은 가치손상이며 보유중에 손상차손이나 평가손실이 발생하는데, 이를 재무제표에 반영하지 않으면 자산금액이 실제보다 과대표시될 가능성이 매우 높다. 그렇지만 부채는 갚아야 할 돈이므로 손상처리하거나 평가손실을 잡을 일이 없다. 다만, 순자산을 부풀리기 위해 자산과는 반대로 누락하거나 과소표시할 위험이 존재한다.

재무제표에 나타나는 부채에는 확정부채는 물론 충당부채가 있는데, 충당부채는 당기말 현재 확정된 부채는 아니지만, 미래에 돈이 나갈 가능성이 매우 높아 미리 비용처리하고 부채로 표시한 일종의 추정부채에 해당한다.

자산의 경우 대손충당금이나 재고자산평가충당금도 확정된 비용은 아니지만 미래 회수가치 하락에 따라 예상되는 비용과 손실을 미리 반영한 것처럼, 부채의 경우도 미래 지출가능성이 거의 확실하고 그 원인이 당기 매출과 관련된다면 미리 비용과 부채로 선반영해야 한다. 그런데 확정부채가 아니므로 추산하는 과정에서 주관적인 요소도 개입되고 그 금액을 축소하기 쉽다. 이렇게 충당부채를 누락하면 그만큼 순자산(자기자본)이 많아지기 때문에 재무상태표에 당기말 현재 충당부채가 제대로 반영되었는지가 중요하다.

부채도 자산과 마찬가지로 1년내에 갚아야 하는 유동부채와 1년이후 갚아도 되는 비유동부채로 나누는데, 기업의 입장에서는 단기부채에 해당하는 유동부채가 더 위험하다. 부채에 해당하는 과목과 의미를 알아보자.

❶ 매입채무

매출채권이 판매한 거래처로부터 받을 돈인데 반해, 매입채무는 매입활동으로 인해 거래처에 지급할 돈으로서 매입한 원재료나 상품 등 재고자산 대금 중 결산일 현재 아직 지급하지 않은 것이다.

❷ 미지급금

거래처 채무 이외에 지급할 의무가 있음에도 아직 지급하지 않은 돈이다. 법인카드 사용액 중 당기말 현재 미결제된 금액이나 비품 등 유형자산을 구입하고 아직 지급하지 않은 돈처럼 재고자산 매입활동과 상관없는 일로 발생한다.

❸ 미지급비용

이미 사용한 전력비나 통신비처럼 비용은 발생했지만 당기말 현재 아직 지급의무가 없어서 미지급된 것을 말한다. 발생주의 손익계산 기준에 따라 당기에 쓴 만큼 비용으로 들어가야 하는데, 대금청구가 사용 후 다음 달에 이루어지므로 결산일 현재 미지급된 비용이 발생한다. 결산일 기준으로 아직 청구되지 않아 돈을 지급할 의무는 없다는 점에서 지급의무가 확정된 미지급금과 다르다.

사업과 무관한 미지급금과 미지급비용 등을 기타채무라고 하는데, 재무상태표에는 "매입채무와 기타채무"를 합산해서 표시하고 과목별 내용은 주석에서 따로 보여준다.

❹ 예수금

사업과 관련없이 미리 받은 돈을 말하는데, 주로 급여 지급시 원천징수하는 소득세와 공적보험료 징수액을 의미한다. 예수금은 회사의 수익이 아니고 다시 납부해야 할 돈이므로 부채에 해당한다.

❺ 부가가치세 예수금

매출거래시 상대방으로부터 매출금액의 10%를 부가가치세로 받게 되는데 매 분기마다 부가가치세 신고를 통해 국가에 납부해야 할 부채에 해당한다.

❻ 당기법인세부채(미지급법인세)

국가에 내야 할 법인세비용 중 중간예납이나 원천징수당한 법인세를 뺀, 다음 해 3월 법인세 신고시 납부할 세금이다.

❼ 단기차입금

은행 등 금융회사에서 빌린 돈으로서 만기가 1년 이내인 차입금이다.

❽ 장기차입금

은행 등 금융회사에서 빌린 돈으로서 만기가 1년 이상인 차입금이다.

❾ 유동성장기부채

장기차입금을 분할상환조건으로 빌린 경우 보유중인 장기차입금 중 정해진 상환일정에 따라 향후 1년 안에 상환해야 하는 돈이다.

❿ 사채

흔히 말하는 회사채로서 회사가 직접 만기(상환시기)가 정해진 채권을 발행해서 투자자로부터 돈을 조달한 것인데, 자금 사용기간동안 정해진 금리에 따라 이자를 지급하고 만기가 되면 액면가액을 전액 상환한다는 점에서 은행차입금과 거의 유사하다.

발행회사의 신용도가 높으면 금리가 낮고, 신용도가 낮으면 금리가 높아진다. 특히 주식전환권이 부여된 전환사채 CB:Convertible Bond는 해당 권리 때문에 낮은 이자로 자금조달이 가능하다.

⓫ 퇴직급여부채(또는 확정급여부채)

임직원이 퇴직하면 지급할 퇴직금은 비록 당기말 현재 확정된 부채는 아니지만 미래 지출이 거의 확실하므로 매년 말 모든 임직원에 대한 미래 퇴직금소요액을 추산해서 부채로 표시해야 한다. 그런데 상장기업의 대부분은 퇴직금지급을 위해 **확정급여(DB)형 퇴직연금**에 가입해서 금융회사에 일정금액을 적립하는데, 이 경우 사외적립자산(퇴직연금운용자산)을 차감한 순부채를 부채로 표시한다. 만약 사외적립자산이 퇴직급여부채보다 더 많으면 초과액을 자산(확정급여자산)으로 표시한다.

(주석) 20. 퇴직급여

20.1 보고기간말 현재 순확정급여부채 산정내역은 다음과 같습니다.

(단위 : 백만 원)

구분	당기말	전기말
확정급여채무의 현재가치	6,467	6,017
사외적립자산의 공정가치	(6,432)	(5,758)
재무상태표상 퇴직급여 부채	**35**	**259**

▲ 임직원에 대한 퇴직급여부채의 현재가치는 64억 6,700만 원이지만 사외적립자산이 64억 3,200만 원에 달해 순부채금액은 그 차액인 3,500만 원이다.

자본비용이 발생하는 차입금이 제일 위험하다

선수금과 선수수익을 제외한 모든 부채는 이를 갚아서 정리하려면 반드시 돈이 나가야 한다. 그래서 부채는 미래 예정된 자산감소를 의미하고 부채가 많은 기업은 대외신용도가 떨어질 수밖에 없다.

그런데 부채 중에서 상환은 물론 주기적으로 이자를 지급해야 하는 부채가 있다. 이를 이자부채라고도 하는데 차입금이나 사채 또는 미지급금에 포함된 리스부채가 이에 해당한다. 이런 부채는 원금상환 외에도 주기적으로 이자를 지급해야 하는데, 이자 또한 사업성과와는 무관하게 고정적으로 지급해야 하므로 재무적 고정비에 해당한다.

만약 영업손실인데도 불구하고 이자를 지급해야 한다면 주주이익은 심각하게 훼손될 수밖에 없는데 이런 차입금사용에 따른 위험을 **재무위험**이라고 한다. 재무위험은 총차입금 규모에 비례하므로 기업의 총자본 중 차입금의 비중이 어느 정도인지 점검해야 한다. 이를 **차입금의존도**라고 하는데 일반적으로 총자본 중 차입금비중이 30%를 초과하면 과다하다고 본다. 여기서 차입금이란 단기차입금, 장기차입금, 유동성장기부채 및 사채 그리고 리스부채를 모두 포함한 금액이다.

(주석) 19. 차입금

당기말 현재 차입금의 내역은 다음과 같습니다.

(단위 : 백만 원)

구분	차입처	만기일	연이자율 (%)(당기 말 현재)	당기말 잔액	상환방법
시설자금대출	산업은행	202*-07-13	2.98	29,500	분할상환
시설자금대출	산업은행	202*-11-28	2.45	24,000	분할상환
운영자금대출	신한은행	202*-06-12	3.16	21,991	분할상환
시설자금대출	산업은행	202*-05-14	3.02	39,000	분할상환
합 계				**114,491**	

▲ 이 회사의 총자본은 6,200억 원인데, 당기말 현재 총차입금 잔액이 1,144억 원으로 총자본의 18%수준이다.

재무상태표상 당기말 현재 총차입금 잔액이 크게 증가했다면 그 원인(용도)과 이에 따른 이자부담 증가액을 따져봐야 한다. 이자부담액 증가는 고스란히 주주이익 감소로 이어지기 때문이다. 차입금의 이런 중요성 때문에 주석에서는 차입금을 금융회사별로 구분하여 금리조건과 만기 등 보다 상세한 정보를 제공한다.

차입금의 적정규모는?

능력 범위를 벗어나서 빌리는 건 위험하다

차입금이 위험하다고 해서 자기자본만으로 사업하기는 어렵다. 차입금이 전혀 없는 기업도 존재하겠지만 일반적이지는 않다. 그런데 차입금의 규모보다 더 중요한 것은 기업의 감당능력이다. 차입금이 많더라도 원리금상환에 문제가 없다면 우려할 것은 없는데, 능력이 안되는 기업이 무리하게 차입금을 빌리는 게 문제다.

차입원리금의 상환능력지표는 상각전 영업이익EBITDA, 영업이익EBIT, 영업현금흐름OCF 등 다양하다. 따라서 이런 상환능력지표를 이용하면 기업이 감당가능한 차입금의 규모를 쉽게 산정해 볼 수 있다.

　일반적으로는 영업이익이 최소한 연간 이자지급액의 2배는 돼야 안전하다고 본다. 예를 들어, 연평균 영업이익이 50억 원인 회사로서 차입금 평균금리가 5%라면 이 회사가 안전하게 차입할 수 있는 최대금액은 500억 원(= 50억 원 ÷ 2 ÷ 5%)으로 계산된다. 즉, 총 차입금이 500억 원이라면 연간 이자가 차입금의 5%인 25억 원인데, 이는 회사 영업이익의 절반수준이므로 충분히 감당할 수 있는 것이다.

　만약 상각전 영업이익EBITDA으로 따지면 차입가능액은 더 늘어난다. 위 회사의 연간 감가상각비와 무형자산상각비가 20억 원이라면 상각전 영업이익은 70억 원이 되고 같은 방식으로 계산하면 차입가능액은 700억 원(= 70억 원 ÷ 2 ÷ 5%)으로 전보다 200억 원이 늘어난다.

부채라고 무조건 다 나쁜 것은 아니다

선수금과 선수수익은 좋은 부채다

부채는 상환시기만 다를 뿐, 언젠가는 갚아야 하고 그 시점에서 회사의 돈이 나갈 수밖에 없다. 그러나 선수금과 선수수익은 돈이 나가는 부채가 아니라는 점에서 다른 부채와 다르다.

❶ 선수금

거래처로부터 미리 받은 매출대금이다. 건설이나 조선업처럼 발주자로부터 선주문을 받아 사업을 진행하는 경우에는 사업이 시작되거나 또는 마무리되기 전에 미리 대금의 일부를 계약금이나 중도금 형태로 받게 되는데 이를 선수금이라고 한다. 미리 받은 만큼 사업을 진행해야 할 의무가 생기는 것이므로 이를 부채로 표시하지만, 사업진행에 따라 매출이 발생하면 선수금은 소멸하고 선수금을 제외한 나머지 금액에 대해서만 매출채권이 발생한다.

즉, 선수금은 돈으로 갚는게 아니라 매출로 갚는 것이므로 좋은 부채다. 선수금이 증가하거나 많다는 것은 현재 진행중인 사업이 많다는 의미로 앞으로 매출이 많이 발생할 수 있음을 암시하는 것이다.

❷ 선수수익

선수금은 매출수익이 발생하기 전에 미리 받은 돈을 뜻하지만 선수수익은 수익으로 잡은 금액의 일부를 미래로 보류시키는 것이다. 예를 들어, 3년치 건물임대료 3억 원을 미리 받은 경우, 비록 돈은 3억 원이 들어왔지만 1억 원만 당기의 임대료수익에 해당하며 2억 원은 당기의 수익이 아니므로 이를 선수수익이라는 부채로 표시하게 된다.

결국 아직 발생하지 않은 수익의 인식을 나중으로 미루는 것이며 다음연도와 그 다음연도에 걸쳐 각각 1억 원을 선수수익에서 임대료수익으로 대체시키게 된다. 이렇게 하는 이유는 손익계산을 철저히 발생기준으로 하기 위함인데 결국 선수수익도 수익을 연기하는 것일 뿐, 미래에 돈이 나갈 일은 없고 기간경과에 따라 앞으로는 부채가 소멸하면서 수익이 발생하는 것이다.

사업은 남의 돈으로 하는 것?
달콤한 부채의 유혹을 경계하라

부채가 많은 기업에서 미래에 벌어질 일

부채는 위험한 자본인데, 그럼 얼마 정도면 안전할까? 절대적인
금액기준은 없다. 자기자본이 많으면 그에 비례해서 부채가 많아도
상관없기 때문이다. 반대로 자기자본이 적은 기업이 부채를 많이
가지고 있다면 문제가 생길 수 있는데, 부채와 자기자본의 상대적
인 균형과 위험을 평가하는 지표가 부채비율이다.

부채비율Debt Ratio은 부채를 자기자본으로 나눈 것으로 이 비율이
높다면 자기자본에 비해 부채가 많아 그만큼 부채의 상환위험이 높
다는 의미다. 부채의 이런 위험성에도 불구하고 기업은 부채를 선

호한다. 그 이유는 첫 번째, 자기자본에 비해 부채가 자금조달원가, 즉 자본비용이 싸기 때문이다. 차입금이 아닌 부채는 그냥 갚기만 하면 되므로 원가(코스트)가 전혀 발생하지 않는다. 차입금에 대해서는 자본사용대가(자본비용)로 이자비용을 지급하지만, 세법에서는 이자지급액을 사업관련 비용으로 인정하므로 세금이 줄어들게 되어 은행에 지급하는 것보다 이자비용이 더 싸진다.

예를 들어, 금리가 5%이고 법인세율이 20%라면 은행에 주는 이자는 5%지만, 이자지급액만큼 회사의 소득이 감소하므로 1%의 감세효과가 생겨서 결국 실질금리는 4%에 불과한 셈이다.

두 번째, 부채사용은 그만큼 사업위험을 자기자본 소유자인 주주에게서 부채 소유자인 채권자로 이전시키는 효과를 가져온다. 100억 원의 자본을 가진 기업의 부채가 80억 원이고 자기자본이 20억 원일 경우, 기업이 완전히 망했을 때 채권자의 손실부담률은 80%지만, 주주의 손실부담률은 20%에 불과하다.

이런 이유로 비상장기업의 경우 대부분 부채비율이 높다. 하지만 부채가 많으면 기업신용도가 하락하면서 금리상승으로 자금조달비용이 증가한다. 만약 장기적으로 이익성과가 부진할 경우에는 부채상환이 불가능해질 수도 있으므로 적절한 수준을 넘지 않도록 관리해야 한다.

부채비율이 상승하는 이유는 사업확장을 위해 새로운 부채가 증가하는 경우도 있지만, 지속적인 적자(순손실)로 인해 자기자본이 계속 감소하는 경우도 있다. 사업부진으로 그동안 키워왔던 근육은 줄어들고, 대신 지방이 늘어나니 점점 건강하지 못한 몸으로 변해가는 것이다.

　재무상태표상 회사의 부채비율 추이를 살펴보고 만약 지속적으로 상승한다면 그 원인 분석과 함께 경계심을 가져야 한다.

● 부채비율의 추이를 주목하라!

항목	10기	9기	8기
① 부채총계	120억 원	80억 원	60억 원
② 자본총계	30억 원	40억 원	40억 원
③ 부채와자본총계	150억 원	120억 원	100억 원
부채비율(= ① ÷ ②)	**400%**	**200%**	**150%**
자기자본비율(= ② ÷ ③)	**20%**	**33%**	**40%**

▲ 지속적으로 부채비율이 상승하고, 이에 따라 자기자본비율은 하락하고 있어 자본구조가 위험해지고 있다.

5 내돈내산이 안전하지만 레버리지 혜택은 못 누린다

부채사용의 긍정적 효과도 있다

부채가 위험하긴 해도 무조건 나쁘기만 한 것은 아니다. 부채가 많다는 것은 역으로 자기자본의 비중이 적다는 뜻이므로 이로 인해 주주 돈의 성과인 자기자본순이익률^{ROE}을 극대화할 수 있다. 즉, 내 돈의 투자수익률을 높이려면 남의 돈을 많이 쓰라는 것인데 이를 부채사용의 **레버리지(지렛대)효과**라고 한다.

자기자본순이익률ROE : Return on Eguity은 순이익을 자기자본으로 나눈 것으로서 주주의 투자금에 대한 이익성과를 나타낸다. 자기자본이 100억 원인 회사의 순이익이 15억 원이라면 회사는 주주가 투자한 돈에 대해 연 15%의 수익률로 보답하고 있다는 뜻이다. 자기자본순이익률은 주주에게는 매우 중요한 기업성과지표로서 자기자본순이익률이 높아야 주주가치, 즉 주가가 올라간다.

그런데 이런 자기자본순이익률을 높이기 위해서는 순이익도 많이 나와야 하지만 자기자본을 적정 수준에서 관리해야 한다. 앞에 나온 기업의 내년도 자기자본이 작년보다 20% 증가한 120억 원이고 순이익도 20% 증가한 18억 원이라면 자기자본순이익률은 여전히 15%로 작년과 동일하다.

순이익이 20%나 증가했지만 자기자본도 같은 비율로 증가해서 순이익증가 효과가 없어진 셈이다. 결국 작년과 동일한 자기자본수준에서 순이익이 증가하거나, 아니면 자기자본증가율보다 순이익증가율이 더 높아야 자기자본순이익률이 상승할 수 있다.

반대로 순이익수준이 같다면 자기자본을 줄이는, 즉 부채비율을 높이는 것도 자기자본순이익률을 높이는 방법이 될 수 있다. 예를 들어, 부채가 30억 원이고 자기자본이 20억 원으로 부채비율이 150%인 기업의 순이익이 2억 원일 때, 자기자본순이익률은 10%다.

총자본순이익률ROA : Return On Assets은 4%(= 2억 원 ÷ 50억 원)지만, 무려 2.5배에 해당하는 자기자본순이익률이 나온 것은 부채 때문이다. 즉, 자기자본순이익률은 총자본순이익률에 (1+부채비율)인 2.5배를 곱한 것과 같다.

그러나 재무구조를 바꿔 부채를 40억 원, 자기자본을 10억 원으로 조정해 부채비율을 400%로 높이면 동일한 순이익 수준에서 자기자본순이익률은 총자본순이익률 4%에 (1+부채비율)인 5배를 곱한 20%로 높아진다. 부채가 일종의 지렛대 역할을 해서 그만큼 자기자본순이익률을 높여주는 긍정적 효과를 낸 것이다.

단, 이런 결과가 가능하려면 부채사용 증가에 따라 이자비용이 증가하더라도 순이익이 줄어들지 않아야 한다. 즉, 부채자금의 조달원가인 이자비용보다 영업이익성과가 더 많이 나와야 레버리지 효과를 누릴 수 있다.

 잠깐!　　　　　　　　　**총자본순이익률(ROA)이란?**

총자본순이익률 = 순이익 ÷ 총자본
→ 사업에 투자된 돈으로 얼마나 많은 순이익을 달성했는지 보여준다.
　　총자본은 총자산과 같은 것이므로 총자산순이익률이라고도 한다.

● **총자본순이익률과 자기자본순이익률의 관계**

$$\text{자기자본순이익률 (ROE)} = \frac{\text{순이익}}{\text{자기자본}} = \left(\frac{\text{순이익}}{\text{총자본}} \times \frac{\text{총자본}}{\text{자기자본}} \right)$$

$$= \left(\frac{\text{순이익}}{\text{총자본}} \times \frac{\text{자기자본 + 부채}}{\text{자기자본}} \right)$$

$$= \text{총자본순이익률(ROA)} \times (1 + \text{부채비율})$$

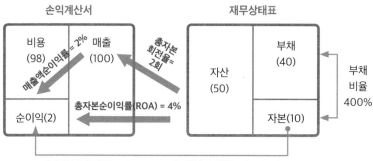

자기자본순이익률(ROE) = 20% = 총자본순이익률(4%) × (1+4)

▲ 순이익이 매출액의 2%지만, 총자본이 매출의 1/2(총자본회전율이 2회)에 불과하기 때문에, 총자본순이익률(ROA)은 매출액순이익률의 2배인 4%다. 또한 부채가 많아 자기자본이 적기 때문에 자기자본순이익률(ROE)은 총자본순이익률(ROA)의 5배(1+부채비율)인 20%에 달한다.

충당금과 충당부채, 모두 미래의 예상손실을 미리 반영하는 것이다

재무상태표를 보면 충당부채라는 과목이 많이 나온다. 여기서 충당이란 미래의 손실에 대비해서 미리 비용에 담는다는 뜻으로 이해하면 된다.

기업은 늘 미래 불확실성과 위험에 노출되어 있는데, 첫 번째는 자산의 장부금액대로 돈이 회수되지 않을 위험이고 두 번째는 잠재적인 미래 자산감소의 위험요인이 현실화될 경우 회사 돈이 나갈 위험이다. 전자에 해당하는 것이 대손충당금과 재고자산평가충당금이라면 후자에 해당하는 것이 퇴직급여부채와 하자보수충당부채를 비롯한 각종 충당부채다.

매출에 관련해 하자보수나 품질보증을 한 경우 또는 매출의 일정비율을 마일리지나 쿠폰을 적립해주는 경우 고객이 청구하면 돈이 나갈 가능성이 매우 높다. 충당금이나 충당부채 모두 미래에 발생할지도 모를 예상손실을 추정해서 미리 비용으로 반영한 것이다. 다만, 충당금은 자산의 회수가치손상을 의미하므로 해당자산에서 차감하지만, 충당부채는 돈이 나갈 것이므로 부채로 표시한다.

재무제표에 표시된 대부분의 숫자는 이미 이루어진 과거거래에 기초하여 객관적으로 결정되지만 충당금이나 충당부채만큼은 추정치가 반영되는 것이므로 이를 어떻게 반영하는가에 따라 손익이 달라지는 문제가 있다.

외부감사를 받지 않는 기업의 경우에는 아예 충당부채를 반영하지 않는 경우도 많은데, 이렇게 하면 그만큼 당기 영업이익과 순자산(자기자본)은 과대표시된다.

당기에 충당부채 금액이 증가했다면 미래 현금 유출가능성이 그만큼 커졌다는 뜻이며, 내년 이후 손실이 현실화(거액의 명예퇴직금 지급, 하자보수비나 품질보증비용지출 등)될 때는 영업현금흐름에도 악영향을 미치게 된다.

숨겨진 부채를 찾아라!

우발부채와 금융보증부채의 의미

충당부채는 그나마 재무제표에 반영되지만 우발부채는 비용과 부채에 전혀 반영되지 않는다. 우발부채도 숨겨진 잠재부채로서 여차하면 돈이 나갈 가능성이 있는 것인데, 충당부채와는 달리 그 가능성이 높지 않고 금액추정이 어려워서 재무제표에 반영하지 않는다.

다른 회사의 차입에 대한 지급보증이나 재판 진행중인 소송사건 등이 우발부채에 해당한다. 이런 것들은 구체적인 내용을 주석이나 사업보고서에서 별도로 보여주는데, 아무리 가능성이 낮다고 하더라도 지급보증액이 자기자본의 40%를 넘거나 소송가액이 매우 크다면 잠재리스크가 매우 크다고 판단해야 한다.

비상장기업과 달리 상장기업의 경우에는 지급보증에 따른 잠재 위험을 평가하여 이를 비용과 손실로 표시해야 하는데, 이를 금융 보증채무라고 한다. 이 경우 부채로 표시된 금융보증채무는 보증금 액 전부가 아니라 보증행위의 공정한 가격, 즉 보증비용만큼을 표 시하는 것이어서 금액은 그리 크지 않다.

예를 들어, 자회사의 차입금 300억 원에 대해 모회사가 지급보증 한 경우 보증보험회사의 일반적인 보증수수료가 2%라면, 보증비용 을 대략 6억 원으로 보고 이를 비용과 부채로 각각 표시한다. 보증 수수료를 보증에 따른 위험보상비용으로 보고 보증한 모회사도 이 정도 수준으로 비용을 인식하는 것이다.

보증채무위험 또한 다른 충당부채와 마찬가지로 비용처리는 됐 지만, 아직 돈이 나간건 없다. 하지만 보증위험이 현실화될 경우에 는 금융보증부채금액을 훨씬 초과하는 현금유출이 발생할 수도 있 으므로 재무상태표의 금융보증부채금액 외에 주석에 표시된 전체 보증금액과 보증채무이행의 현실화 가능성을 따져봐야 한다.

재무상태표

(단위 : 백만 원)

과목	당기말	전기말
부채		
Ⅰ.유동부채	172,875	169,656
매입채무 및 기타채무	91,898	77,253
단기차입금	20,000	34,500
판매보증충당부채	7,940	4,759
금융보증부채	**111**	**140**

(주석) 22. 금융보증부채

당사는 종속기업의 차입금에 대하여 지급보증계약을 체결하고 있으며, 이에 따른 금융보증부채의 내역은 다음과 같습니다.

(단위 : 천 원)

구분	당기말	전기말
피보증회사명	**사외 7개 회사	
은행명	신한, 씨티, 수출입, 하나은행 등	
차입금 실행액	**53,531,988**	71,379
지급보증의 공정가치	**111,521**	**140**

지급보증의 공정가치는 피보증회사가 무보증으로 차입하였을 경우 적용될 차입금리와 지급보증으로 인해 실제 적용받은 차입금리의 차이를 반영하여 공정가치를 산정하였습니다.

▲ 이 회사의 자기자본(자본총계)은 4,700억 원인데, 자회사 차입금에 대해 지급보증한 총액이 535억 원으로 자기자본의 11% 수준이다. 회사는 보증비용 상당액인 1.1억 원을 당기 비용과 부채로 표시했다.

은행빚이 많은 회사의 주인은
주주가 아니라 은행이다

차입금이 없는 회사는 거의 없다. 무차입경영을 하는 기업도 아주 드물게 있기는 하지만 대부분 기업은 은행빚을 갖고 있다. 주주에게 차입금은 양날의 검이다.

차입금이 많은 기업은 당연히 이자비용이 많은데, 이 경우 영업이익의 상당부분은 은행몫이 된다. 손익계산상 영업이익에서 우선적으로 차감되는 것이 이자비용이다. 영업이익에 대한 권리(지분)는 모든 투자자에게 있지만 법적채권자인 은행이 주주보다 우선권을 갖는다. 영업이익이 충분해서 이자비용을 빼고도 주주가 원하는 만큼의 순이익이 나온다면 문제는 없다. 하지만 이자비용이 지나치게 많은 기업이라면 이런 상황을 기대하기가 쉽지 않다.

영업이익의 대부분이 이자비용으로 나가서 남는 이익이 별로 없다면 이 기업에 투자된 자본은 결국 은행만을 위해 일한 셈이다. 이런 상황에 놓인 기업이라면 주주를 위한 기업이 아니기 때문에 주주가 좋아할 이유가 없다.

회사를 청산할 때도 마찬가지다. 매각된 기업자산의 상당부분이 차입금상환에 우선 사용되고 나면 주주지분은 거의 없거나 적을 수밖에 없다.

대표적인 것이 자본잠식기업이다. 완전잠식기업은 자산보다 부채가 더 많기 때문에 주주지분이 전혀 없는, 그야말로 채권자가 주인인 회사라고 보면 된다.

이와 반대로, 차입금이 거의 없는 기업은 이자가 적을 것이므로 영업이익의 대부분이 주주에게 돌아간다. 하지만 이런 기업은 차입금이 적은 대신 자기자본이 많기 때문에 순이익의 절대금액은 많을지라도 1주당 이익이 적어지는 문제가 있다. 순이익은 많지만 자기자본도 많기 때문에 자기자본순이익률 ROE이 반드시 높다고 단정하기 어렵다.

결국 재무상태는 균형Balancing이 정답이다. 차입금이 너무 적지도, 너무 많지도 않으면서 은행과 주주가 사이좋게 나눌 수 있는 정도가 최적인데, 어떤 상황에서도 중요하고 필요한 것은 충분한 영업이익성과라는 점이다.

CHAPTER

4

재무상태표의
자본으로
순자산이 얼마인지 본다

부채(지방)보다는 자본(근육)이 많은 회사가 안전한 기업이다

회사의 자본(근육)이 만들어지는 원리를 이해하라!

사업활동에 투자된 돈이 자산인데, 이는 크게 채권자로부터 빌린 돈(부채)과 주주가 투자한 돈(자본)으로 구성된다. 이는 자산에 대한 권리(지분금액)가 둘로 나눠짐을 뜻한다. 예를 들어, 회사자산이 100억 원인 기업의 부채가 60억 원이고 자본이 40억 원이라면 100억 원의 자산 중 채권자 몫이 60억 원이고 주주 몫은 40억 원이라는 의미다.

따라서 재무상태표에서 당기말 현재 회사가 가지고 있는 자산총액에서 부채총액(남의 자산)을 차감하면 순자산 또는 자기자본(내 자산)이 계산된다.

> 자산(총자산) = 부채(채권자의 자산) + 자본(주주의 자산) = 총자본
>
> 자산 - 부채(타인자본) = 자본(순자산, 자기자본)

부채는 남의 돈이지만 이 또한 사업자본이므로 부채와 자본을 합쳐서 총자본이라고 부른다. 부채와 자본은 다 같은 사업자본이지만 성격은 완전히 다르다.

주주가 투자한 돈은 자기자본으로서 매우 안전하지만, 부채는 상환위험과 이자위험이 있다. 자기자본은 회사 스스로 형성한 자본이므로 매우 건전해서 이를 몸의 근육에 비유할 수 있다.

그러나 부채는 한시적으로 기업내부에 머물러 있을 뿐, 남의 돈이므로 결국 갚아야 한다. 지나치면 몸에 나쁜 것이라 제거해야 하는 지방에 비유할 수 있다. 따라서 너무 부채쪽으로 쏠리지 않도록 사업자본의 균형을 유지하는 것이 중요하다. 정상적인 기업이라면 해마다 순이익이 발생하게 되는데, 순이익은 주주의 것이므로 고스란히 주주자본으로 옮겨진다.

즉, 주주가 직접 투자한 돈(자본금)말고도 해마다 달성한 순이익만큼 자기자본이 증가하게 되고 이로 인해 점점 부채의 비중은 감소하게 된다. 이익금을 가지고 부채를 상환하는 경우는 물론, 설령 부채를 그대로 두고 사업을 확장하기 위한 자산을 취득하더라도 전체 자산에 대한 부채의 비중은 낮아진다. 이것이 기업의 자본(근육)이 형성되는 과정인데, 결국 근육형성의 원천은 매년 발생하는 순이익

이다.

이와 반대로 기업이 이익을 못내고 손실을 낸다면 손실금 또한 주주자본으로 옮겨지는데 마이너스(-) 이익이므로 기존의 자기자본을 까먹게 된다. 이런 상황이 수년간 지속되면 어느덧 자기자본은 줄어들고 부채가 늘어나 몸이 지방덩어리가 되는 것과 같다. 결국 근육으로 뭉친 단단한 건강기업과 지방덩어리의 허약한 부실기업을 판가름해주는 핵심변수는 회사의 이익성과다.

자본은 회사재산 중 주주 몫의 재산을 의미하므로 주주는 매년 자본이 어떻게 변동했는지에 주목해야 하는데, 자기자본의 변동내역을 보여주는 재무제표가 **자본변동표**다. 자본변동표에는 증자나 감자 등 자본금의 변동은 물론 순이익발생에 따른 이익잉여금과 기타포괄손익의 변동 등 자본의 모든 변동내용을 하나의 표로 정리해서 보여준다.

● 자본(근육)이 만들어지는 원리

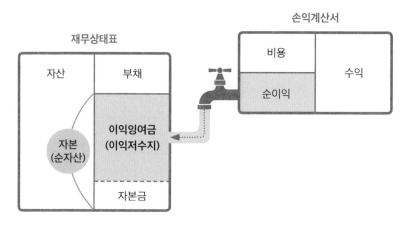

자본금은 자본(근육)을 구성하는 뼈대다

자산에서 부채를 차감한 자본, 즉 기업의 순자산은 다음과 같은 여러 항목으로 구성된다.

🪙 자본금

기업은 주식을 발행해서 필요한 자금을 주주로부터 투자받는데, 이 경우 발행한 주식의 액면가 총액이 **자본금**이다. 주의할 점은 자본금은 주주가 실제로 투자한 돈인 주식의 발행가격이 아니라 액면가로 표시된다는 것이다. 실제 주주로부터 투자받은 돈인 발행가와 액면가의 차이, 즉 초과납입금은 별도로 주식발행초과금으로 표시된다.

따라서 자본금은 회사가 발행한 주식의 액면총액으로서 "발행주식수 × 주당액면가"에 해당하는 금액이다. 주식의 액면은 100원, 500원, 1,000원, 5,000원 등 회사마다 다른데, 어떤 회사의 발행주식이 10,000주이고 1주의 액면이 5,000원이라면 이 회사의 자본금은 5,000만 원(= 10,000주 × 5,000원)이 된다.

삼성전자의 현재 보통주 발행주식이 약 60억주인데, 액면가는 100원이므로 보통주 자본금은 약 6,000억 원에 불과하다. 이 숫자는 삼성전자의 재무상태표상 자본(자기자본, 2022년 연결기준 354조원)과 다르며 시장가치(시가총액)와도 엄청난 차이가 있다.

회사의 자본금은 설립이후 증자나 감자를 통해 변동한다. 증자란 자본금을 늘리는 것이며, 감자는 반대로 자본금을 줄이는 것을 말한다. 증자와 감자에 따른 대가를 주고 받는 것은 **유상증자(감자)**라고 하고 대가 없이 자본금을 늘리거나 줄이는 것을 **무상증자(감자)**라고 한다.

 자본금과 자본의 차이

자본금은 회사가 발행한 주식의 액면가액으로서 주주로부터 출자받은 돈과는 다르다. 주식은 항상 액면가로 발행되는 것이 아니라 할증 또는 할인발행되기 때문이다. 그러나 현실적으로 할인발행은 드물고 대부분 액면가보다 높게 할증발행된다.

자본은 회사 자산에서 부채를 차감한 주주지분(몫)을 의미하며 이 속에는 자본금도 포함된다. 따라서 자본은 자본금보다 더 넓은 개념이며 자산에서 부채를 차감한 순자산의 의미를 갖는다. 순자산, 자기자본, 주주지분은 모두 자본을 지칭하는 용어이며 재무상태표에서는 자본총계로 표시된다.

주의할 점은 자본총계와 총자본을 혼동하면 안된다. 자본총계는 자본을 의미하지만 총자본은 부채와 자본을 모두 더한 것으로 총자산과 같은 뜻이다.

일반적인 기업이라면 자본금보다 자본이 더 많아야 하며 이는 자본금 이외에 잉여금 등이 존재한다는 의미. 그러나 어떤 회사는 거꾸로 자본(순자산)이 자본금에 미달하는 경우도 있다. 즉 자본금을 까먹었다는 의미인데, 이를 자본잠식이라고 한다. 자본잠식은 사업성과부진으로 자본금, 즉 주주가 출자한 돈을 까먹었다는 의미이므로 그 자체가 기업가치 훼손에 해당하는 대표적인 기업부실의 유형이다.

잉여금

잉여금surplus이란 남은 돈이라는 뜻인데, 순자산(자산-부채)에서 자본금을 뺀 금액으로서 자본금을 초과하는 순자산(초과순자산)이라고 생각하면 된다. 예를 들어, 회사의 자산이 50억 원이고 부채가 20억 원이라면 순자산이 30억 원인데, 만약 자본금이 10억 원이라면 20억 원이 잉여금인 셈이다.

이와 같은 잉여금(초과순자산)이 발생하는 이유는 두 가지다. 첫째, 주주와의 거래를 통해 생기는 잉여인데, 주주로부터 투자받을 때 액면가 이상으로 납입받을 수도 있고 이후 증자나 감자거래, 자기주식거래 등 주주와의 돈거래(자본거래)를 통해 잉여가 발생할 수 있다. 이런 것들을 **자본잉여금**이라고 한다.

둘째, 기업활동으로 발생한 순이익을 통해 만들어지는 잉여로서 해마다 발생한 순이익이 흘러들어와 잉여금을 구성하는 것인데, 이를 **이익잉여금**이라고 한다.

잉여금의 발생사유가 뭐든 잉여금, 즉 자본금을 초과하는 순자산이 있다는 것은 좋은 일이며 이렇게 잉여금을 원천별로 나누는 이유는 주주배당 때문이다. 기업의 이익금으로 순자산이 증가하면 주주에게는 주주 돈을 사용한 대가로 배당금을 지급해야 하는데, 배당금지급은 이익잉여금으로 해야 하며 자본잉여금은 사용할 수 없다. 자본잉여금은 기업의 이익성과가 아니라 주주 자신이 회사에 추가로 납입한 돈이기 때문이다.

● 잉여금의 유형과 의미

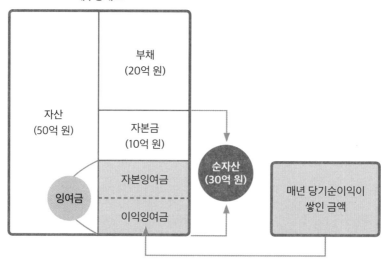

자본잉여금은 주주로부터
추가로 받은 납입금이다

주식발행초과금, 감자차익,
자기주식처분이익의 의미

이익잉여금은 기업이 스스로 사업성과를 내서 만든 것인데 비해 자본잉여금은 주주로부터 받은 돈이다. 자본잉여금에는 주식발행초과금, 감자차익과 자기주식처분이익이 있는데, 각각의 의미를 알아보자.

❶ 주식발행초과금

주식을 발행할 때 액면가보다 높게 발행해서 자본금 이상으로 추가 납입된 금액을 의미한다. 기업을 처음 상장할 때 또는 상장 이후 추가로 증자할 때 발행되는 주식의 가격은 발행 당시의 기업가 치를 반영하여 결정된다.

기업가치가 높을수록 프리미엄이 붙어서 액면가보다 비싸게 발 행될 수밖에 없는데, 이 경우 액면가를 초과하는 할증금액이 **주식 발행초과금**이다. 발행 당시 형성된 일종의 P(프리미엄)라고 보면 된 다. 기업가치가 높을수록 P가 붙어 더 비싸게 발행된다.

예를 들어, 액면이 5,000원인 주식을 80,000원에 발행했다면 1주 당 75,000원의 주식발행초과금이 생긴다. 액면가는 5,000원인 주식 이 발행되지만 주식대금은 1주당 80,000원이 들어오는 셈인데, 자

(주석) 23. 납입자본(자본금 및 주식발행초과금)
(1) 당사의 자본금과 관련된 사항은 다음과 같습니다.

(단위 : 천 원)

구분	당기말	전기말
발행할 주식의 총수	100,000,000주	100,000,000주
1주당 액면금액	500원	500원
발행한 주식의 총수	21,000,000주	21,000,000주
자본금	**10,500,000**	10,500,000

(2) 보고기간 종료일 현재 주식발행초과금의 내역은 다음과 같습니다.

(단위 : 천 원)

구분	당기말	전기말
주식발행초과금	**34,445,744**	34,445,744

▲ 주식발행초과금은 344억 원으로 자본금 105억 원의 3배에 해당하는 금액을 주주로부터 추 가로 납입받았다.

본금을 초과한 주당 75,000원의 순자산 증가액은 사업성과에 따른 것이 아니라 주주로부터 추가로 납입받은 것이므로 자본금과 구분해서 주식발행초과금(자본잉여금)으로 표시한다.

재무상태표에 주식발행초과금이 많다는 것은 과거에 주식발행 시 기업가치를 높게 평가받아서 그만큼 주주로부터 납입받은 돈이 많다는 뜻이며, 이는 자본의 기초가 튼실함을 의미한다. 만약 이후에 사업부진의 결과로 누적적자(결손금)가 발생하면 이를 보전하는데(메꾸는데) 사용할 수 있다.

❷ 감자차익

감자란 회사의 자본금을 줄이는 것을 말한다. 감자에는 유상감자와 무상감자가 있다. 유상감자란 과거에 주주로부터 납입받았던 돈을 다시 돌려주는 것이고, 무상감자는 환불없이 주식만 소각(없애는 것)하는 것이다.

유상감자시 줄어든 자본금보다 환불금이 더 적을 때 그 차액을 **감자차익**이라고 한다. 그러나 무상감자를 할 때는 감소된 자본금액 전액이 감자차익이 된다. 감자차익도 사업활동과 상관없이 주주로부터 얻은 이익이므로 자본잉여금에 해당하며 이후 누적적자(결손금)를 보전하는데(메꾸는데) 사용할 수 있다.

❸ 자기주식처분이익

회사가 자기 회사의 주식을 취득할 경우 이를 **자기주식** 또는 **자**

사주라고 한다. 회사가 자기주식을 사는 가장 큰 이유는 주가관리 목적이다. 회사의 주가가 하락할 경우 여유자금으로 자기주식을 취득하면 매수우위로 주가가 일시적으로 상승하게 된다. 이때 취득한 자기주식은 자산이 아니라 자본에서 차감표시하는데 이를 **자본조정항목**이라고 한다. 이미 발행했던 주식을 회사가 다시 회수한 것이므로 이를 발행하지 않은 자본으로 보기 때문이다.

그리고 주가가 회복되어 자기주식을 되팔 때, 당초의 취득가격보다 비싸게 판다면 **자기주식처분이익**이 발생하는데, 이 역시 사업활동에 의한 성과가 아니므로 자본잉여금으로 표시된다.

만약 유통주식수가 10만주(액면가 @1,000원)인 회사에서 1년 전에 주당 2,000원에 취득했던 자사주 1만주를 작년까지 보유하다가, 올해 주당 3,000원에 매각했을 경우 자기주식 취득과 처분에 따른 재무상태의 변동은 다음과 같이 나타난다.

재무상태표

(단위 : 원)

과목	자기주식보유시	자기주식처분후	
자본금	100,000,000	100,000,000	← 변동없음
자본잉여금 (자기주식처분이익)	-	10,000,000	← (3,000원 - 2,000원) × 1만주
자본조정항목 (자기주식)	(20,000,000)	-	
자본총계	80,000,000	110,000,000	
유통주식수	90,000주	100,000주	

주가를 관리할 필요가 없는 비상장기업도 상법상 배당가능이익의 범위내에서 자사주취득이 가능하다. 비상장기업주식은 상장기업주식과 달리 처분이 쉽지 않아 현금화가 어려운데, 비상장기업의 자기주식취득은 대주주가 가지고 있는 보유지분의 일부를 자신의 회사에 양도함으로써 쉽게 현금화할 수 있다는 재무적 의미를 갖는다.

(주석) 23. 납입자본

보고기간말 현재 기타자본항목 내역은 다음과 같습니다.

(단위 : 천 원)

구분	당기말	전기말
주식발행초과금	106,800,355	905,773
기타자본잉여금	60,236,465	60,236,465
자기주식[*]	**(9,523,341)**	-
기타포괄손익-공정가치금융자산 평가손익	(719,252)	(672,452)

* 당기말 현재 회사가 보유중인 자기주식은 764,637주이며, 자사주식의 가격 안정화를 위하여 보유하고 있습니다.

▲ 보유중인 자기주식은 95억 원(76만주)으로서 평균 취득단가는 주당 12,454원이다. 따라서 이 금액 이상으로 처분하면 추가로 자본잉여금이 형성될 수 있다.

미처분이익잉여금은
당기순이익의 저수지다

이익저수지에 있는 물을 물탱크로 옮기는 이유는?

매년 발생한 손익계산서의 순이익은 재무상태표의 미처분이익
잉여금으로 흘러들어간다. **미처분이익잉여금**은 매년 당기순이익
이 누적된 숫자로서 당기순이익이 모인 저수지라고 생각하면 된다.

만약 20년된 회사의 이익잉여금이 100억 원이라면 지난 20년간
달성한 누적순이익 중 회사내에 남아 있는 금액이 100억 원이라는
뜻이다. 이처럼 이익잉여금은 당기순이익 중에서 배당으로 유출되
지 않고 내부에 유보된 것이어서 이를 유보이익이라고도 하는데,
이를 마치 회사가 갖고 있는 현금성자산으로 오해해서는 안된다.
지금까지 매년 번 이익금의 일부는 현금성자산으로 남아 있겠지만

대부분은 유형자산 등 각종 자산의 취득에 사용되어, 여러 가지 형태의 자산으로 바뀌어져 있기 때문이다. 심지어 매출채권과 재고자산금액은 순이익에 잡혔지만 아직 현금화도 안된 것이다.

미처분이익잉여금은 사업의 성과이므로 주주에 대한 배당으로 분배된다. 그러나 이를 모두 배당금지급에 써버리면 불확실한 미래위험에 대비할 수 없다. 미래위험이란 손실이 날 가능성을 말하는데, 미래 손실에 대비하기 위해서는 미처분이익잉여금 중 일정 금액을 따로 떼어 둘 필요가 있다.

즉, 앞으로 이익저수지가 마를 경우에 대비해서 물을 덜어 별도의 물탱크에 비축해서 저장^{keep}하는 것인데 이를 **적립금**이라고 한다. 물탱크에 따로 보관된 물, 즉 적립금은 배당금지급에는 못쓰고 나중에 결손금(손실이 계속 발생해서 미처분이익잉여금이 마이너스(-)인 상태를 의미한다)을 메꾸거나 주주에게 공짜로 주식을 나눠주는데(무상증자) 사용할 수 있다.

❶ 법정적립금

회사는 이익성과를 얻기 위한 목적으로 만들어졌지만 항상 이익을 낼 수 있는 것은 아니다. 경기가 좋을 때는 이익을 냈다가도 경기가 나빠지면 손실이 나기도 한다. 그러므로 이익이 났다고 해서 이익금을 전부 배당으로 줘버리면 불확실한 미래에 대비하기 어렵다. 또한 성장기업이라면 미래성장을 위해 이익금의 상당부분을 설비자산투자 등 사업확장에 써야 한다.

이런 이유로 상법에서는 매 결산기마다 현금배당금액의 10% 이상을 반드시 강제적으로 적립하도록 규정하고 있는데 이를 **이익준비금**이라고 한다. 주주들이 저수지의 물을 함부로 끌어다 쓰지 못하게 다른 물탱크로 이익금을 옮겨서 아예 자물쇠를 채워버리는 것과 같다. 이렇게 강제적으로 적립된 **법정적립금**은 나중에 결손을 메꾸는 데 사용하거나 자본에 전입시키는 용도로만 사용된다.

❷ 임의적립금

이익준비금이 법에 의해 강제적으로 옮겨야 하는 법정적립금이라면 **임의적립금**은 회사의 재무정책에 따라 자율적으로 하는 적립금이다. 주주배당을 적극적으로 하지 않으려면 적립을 많이 하고, 주주배당을 많이 하려면 적립하지 않으면 된다. 적립의 목적은 회사마다 다양하다.

예를 들면 사업확장, 설비자산교체, 사채상환, 배당금지급의 평준화, 사업손실대비 등 다양한 이유로 적립할 수 있는데, 모두 미래의 특정한 목적을 위해 이익금이 회사 밖으로 **빠져** 나가는 것을 막기 위함이다.

임의적립금으로 일단 적립되면 배당지급의 재원으로 쓸 수 없지만 법정적립금과는 달리 나중에 회사의 정책이 바뀌면 다시 미처분이익잉여금으로 되돌린 후, 배당지급재원으로 사용할 수 있다. 이익저수지의 물을 다른 물탱크로 옮긴 것은 법정적립금과 같지만, 아예 쓰지 못하게 자물쇠를 채운 것은 아니라고 생각하면 된다.

❸ 미처분이익잉여금

미처분이익잉여금은 법정적립금과 임의적립금으로 적립하고 난 후에 남은 이익잉여금을 의미한다. 따라서 특정한 용도로 사용이 제한되지 않은 것이므로 앞으로 언제라도 주주배당금 지급에 사용할 수 있는 금액이다. 주주배당을 포함한 미처분이익잉여금의 처분은 결산일의 다음해 초에 주주총회에서 결정되므로, 재무상태표에 표시되는 미처분이익잉여금은 당기순이익이 합산된 결산일 현재의 잔액으로서 그 해의 이익처분 내용은 반영되지 않은 상태로 표시된다.

자본의 구성항목 중 적립금을 포함한 이익잉여금의 총규모를 통해 회사의 과거 이익성과를 가늠해볼 수 있다. 대체로 이익성과가 좋은 회사는 이익잉여금이 많으며 훌륭한 이익성과를 기반으로 그동안 자산규모를 꾸준히 키워온 회사다. 이런 회사는 단기적으로

● 이익잉여금의 적립

재무상태표

자본	법정적립금 🔒 🔒
	임의적립금
	미처분이익잉여금 (이익저수지)
	자본금

손실이 난다고 해도 자본잠식 등 위험에 직면할 일이 거의 없다.

반대로 이익잉여금이 적은 회사는 그동안 이익성과가 나쁜 회사일 가능성이 높다. 이익성과가 좋았다고 하더라도 벌어들인 이익금을 미래 성장을 위해 투자하지 않고 해마다 주주배당을 통해 외부로 유출시킨 결과일 수도 있다.

한편, 자본잉여금이든 이익잉여금이든 잉여금이 전혀 없이 결손금만 표시된 회사는 과거에 갖고 있었던 잉여금을 모두 까먹은 자본잠식기업으로서 이미 부실단계에 들어간 회사라고 보면 된다.

이익저수지물(미처분이익잉여금)을 주주배당으로 빼낸다

주주입장에서는 돈을 많이 벌어 배당을 많이 주는 회사가 최고다. 회사의 이익성과는 투자자의 돈과 근로자의 땀으로 일궈낸 소중한 자산인데 근로자에게는 인건비가, 채권자인 은행에게는 이자가 이미 지급된 것이므로 당기순이익은 모두 주주의 몫이다.

당기순이익이 모인 이익저수지(미처분이익잉여금) 중 주주에게 얼마나 배당할 것인지 보여주는 것이 **이익잉여금처분계산서**인데, 주석에 상세한 내용이 나온다. 당기말 미처분이익잉여금의 처분항목은 크게 배당과 같이 회사 돈이 외부로 빠져나가는 것(유출)이 있고, 회사내부에 그대로 남아있는 것(유보)이 있다.

사실 이익처분이라고 표현하지만, 막상 회사자산이 바깥으로 유출되는 것은 유일하게 배당뿐이다. 적립금은 회사내부에 그대로 두는 것이기 때문에 적립을 하더라도 회사의 순자산에는 아무런 변화가 없다. 단지 미처분이익잉여금에서 적립금으로 옮겨 놓을 뿐이다.

여기서 배당가능한 이익에 대해 어느 정도를 배당하는지 따져보

(주석) 24.2 이익잉여금처분계산서

당기의 이익잉여금처분계산서는 20*1년 3월 26일 주주총회에서 처분될 예정입니다.

(단위 : 백만 원)

항목	당기		전기	
전기이월이익잉여금	770		357	
당기순이익	336,521		2,324	
미처분이익잉여금 합계		**337,291**		2,681
이익잉여금 처분액		**(336,540)**		(1,911)
이익준비금(법정적립금)	303		–	
임의적립금	333,200		200	
배당금(현금배당 보통주: 당기 175원(35%) 전기 175원(35%))	3,037		1,711	
차기이월 미처분이익잉여금		**751**		770

▲ 당기순이익을 포함한 당기말 미처분이익잉여금 3,372억 원 중 법정적립금에 3억 원, 임의적립금에 3,332억 원을 적립하고 주주배당금으로 30억 원을 지급했다. 전년도보다 폭발적으로 증가한 당기순이익의 지속가능성을 낮게 보고 대부분을 적립한 것으로 보인다. 주당배당률 35%는 높아 보이지만, 액면가 500원을 기준으로 한 것이므로 연도말 현재 해당 기업의 주가 40,000원을 기준으로 따져보면 실제 투자수익률은 0.4%(= 175원 ÷ 40,000원)에 불과하다.

면 주주를 대하는 회사의 태도를 엿볼 수 있다. 대체로 주주친화적인 기업은 이른바 **배당성향**(=배당금÷당기순이익)이 높다.

그러나 주주는 물이 필요한데 이익저수지의 물을 자꾸 물탱크로 빼내서 옮기는 기업, 즉 배당 대신 적립을 통해 사내유보를 많이 하는 기업은 주주들에게 좋은 평가를 받기 어렵다. 법정적립금을 과다하게 적립하거나 무작정 계속 임의적립금을 적립해 나가는 기업이 그 예이다. 이런 상황은 배당에 인색한 기업일 수도 있지만, 때로는 이익은 많으나 현금사정이 좋지 않아서 또는 사업에 필요한 투자를 위해서 내부에 유보해야만 하는 경우에도 발생한다.

배당을 받기 위해서는 충족해야 할 조건이 있다

장기투자를 하는 주주는 배당이라는 꿀을 빨기 위해 투자한다. 배당빨대는 일정액의 투자금으로 안정적인 생활을 가능하게 해주는 훌륭한 자금원이다. 그런데 기업이 주주에게 충분한 배당을 주려면 다음의 전제조건이 충족돼야 한다.

첫째, 매년 꾸준하게 순이익이 발생해야 한다. 더불어 과거에 형성된 누적이익금, 즉 미처분이익잉여금이 많아야 한다.

둘째, 배당이 가능할 정도의 충분한 현금성자산이 있어야 한다. 미처분이익잉여금 그 자체는 현금유동성을 의미하는 것이 아니므로 미처분이익잉여금이 아무리 많아도 현금성자산이 없으면 배당이 불가능하다.

셋째, 사업이 성숙기에 진입해서 더 이상 미래 성장을 위한 투자가 필요없거나, 제조업처럼 시설에 대한 재투자비용^{Capex : Capital Expenditures}이 적어야 한다. 아무리 성과가 잘 나와도 사업유지를 위한 투자지출로 다시 써야 할 돈이라면 주주배당은 어렵기 때문이다.

넷째, 해당 기업의 대주주나 대표가 주주친화적 마인드를 가지고 있는지가 매우 중요하다. 주주자금으로 사업성과를 내고도 주주에게 보상은커녕, 임원들만 과다한 급여와 상여금만 챙기는 기업에서는 만족스러운 배당을 기대하기 어렵다.

따라서 투자할 기업이 이런 요건에 해당하는지 따져보면 투자 이후 얼마나 배당을 받을 수 있을지 가늠해볼 수 있다.

💰 돈이 없어도 배당할 수 있다

만약 미처분이익잉여금은 많은데 현금성자산이 없다면 주식으로 배당할 수도 있는데, 이를 **주식배당**이라고 한다. 주식배당은 배당으로 현금을 주는 대신, 회사주식을 주는 것이다. 이 경우 미처분이익잉여금은 감소하지만 무상신주를 발행했으니 자본금이 늘어난다. 재무적으로는 미처분이익잉여금을 자본금으로 옮기는 것에 불과하므로 회사의 순자산은 그대로다.

주주입장에서는 돈을 받은 것은 아니지만 주식을 공짜로 받았으니 이득은 생긴 셈이다. 배당으로 받은 주식을 팔면 돈이 될 수도 있기 때문이다.

다만, 주식배당으로 발행주식이 늘어나면 앞으로는 주당이익이 작아진다. **주당이익**EPS : Earnings Per Share이란 회사의 순이익을 발행주식수로 나눈 것인데, 주식수가 늘어나면 마치 위스키에 물을 탄 것처럼 주당이익이 희석되는 결과를 가져오므로 주식배당은 주가에 부정적으로 작용한다. 따라서 주주입장에서는 배당을 현금으로 받는 게 가장 좋다.

그럼에도 불구하고 현금배당 대신 주식배당을 선택한 기업은 그만큼 현금사정이 좋지 않다는 반증이며, 돈은 없는데 주주의 배당요구를 수용해야만 할 때 선택하는 고육지책이라고 할 수 있다.

● **주식배당의 효과**

재무상태표

자본금

법정적립금
임의적립금

미처분이익잉여금

자본

주식 증서

기타포괄손익누계액의 손익실현가능성은?

기타포괄손익누계액의 의미

포괄손익이란 넓은 의미의 손익이란 뜻이다. 회사의 순자산이 증가하고 감소하는 이유는 크게 두 가지다.

첫째, 사업활동의 결과로 발생한 순이익인데 1,000원짜리 제품을 1,300원에 팔면 300원만큼 순자산이 증가하는 것처럼, 이익이 발생하면 그만큼 순자산이 늘어나고, 손실이 발생하면 그만큼 순자산이 줄어든다. 이런 순이익은 이익잉여금이라는 저수지에 담긴다.

둘째, 주주로부터 자본금 외에 추가로 받은 돈으로서 자본잉여금을 의미한다. 주식발행초과금처럼 액면가보다 더 많이 납입받으면 그만큼 순자산이 증가한다.

그런데 이 두 가지에 해당하지 않는 순자산변동이 있다. 즉, 사업성과도 아니고 주주에게 받은 것도 아니면서 회사 순자산이 변동하는 것인데, 이는 **기타포괄손익누계액**(또는 기타자본요소)이라는 과목으로 따로 표시한다. 비록 손익이라는 표현은 했지만 이는 당기손익이 아니며 자본(기타포괄손익누계액)에 표시된다는 점에 주목해야 한다.

자본에 표시되는 기타포괄손익누계액에는 대표적으로 기타포괄손익-공정가치측정 금융자산의 평가손익이 있다. 금융자산을 공정가치로 평가하면 평가손익이 발생하는데, 이때 발생된 평가손익은 일종의 미실현손익으로서 사업성과에 포함시키지 않는다. 따라서 당기손익에 반영하지 않고 자본항목(평가이익은 가산, 평가손실은 차감)으로 나타낸다.

하지만 회사가 단기매매목적의 주식을 포함하여 어떤 금융자산을 처음부터 당기손익-공정가치측정 금융자산으로 분류한 경우에는 평가손익을 당기손익에 반영할 수 있다.

그리고 유형자산에 대해 재평가를 실시한 경우 발생한 재평가손익도 비록 순자산은 변동했지만 주주로부터 추가로 납입받은 것도 아니고, 사업활동의 결과도 아니기 때문에 이를 기타포괄손익누계액(자본)에 표시하게 된다.

이 경우 상장기업은 국제회계기준IFRS에 따라 포괄손익계산서를 작성하기 때문에 당기의 기타포괄손익 발생액을 손익계산서의 당기순이익 아래에 별도로 표시하고, 재무상태표에는 당기 발생금액을 포함한 누적금액을 표시한다 .

재무상태표에 표시된 기타포괄손익누계액은 토지와 금융자산을 공정가치로 평가하는 과정에서 발생한 미실현손익이므로, 해당 자산의 처분시 그만큼 이익실현가능성이 있음을 암시한다.

예를 들어, 어떤 회사의 자본에 표시된 기타포괄손익-공정가치 측정 금융자산의 평가이익이 4억 원이고 토지재평가이익이 30억 원이라면, 지금은 해당 자산을 보유중이라 아직 이익실현이 안됐지만, 미래에 해당 자산을 처분할 때는 그만큼의 처분이익이 발생할 수 있음을 보여준다.

● 기타포괄손익-공정가치측정 금융자산의 처분시 평가손익의 행방

재무제표	과목	취득원가 10억 원	1년 후 공정가치 15억 원	2년 후 공정가치 13억 원	3년 후 처분가액 12억 원
재무상태표	기타포괄손익 - 공정가치측정 금융자산	10억 원	15억 원	13억 원	
	기타포괄손익 누계액(자본)		5억 원	3억 원	3억 원
손익계산서	기타포괄이익(손실)		5억 원	(2억 원)	
	금융자산처분이익(손실)				(1억 원)

▲ 기타포괄손익-공정가치측정 금융자산을 처분하더라도 그때까지 자본에 담아둔 공정가치변동액은 그대로 두고 처분가액과 장부가액의 차이만 이익으로 인식한다. 즉 10억 원에 사서 12억 원에 팔았으므로 보유기간 동안 사실상 2억 원의 이익이 발생했지만, 작년말까지의 공정가치상승액 3억 원을 처분한 해의 성과로 보지 않는다. 따라서 손익계산서에는 장부가액인 13억 원보다 낮게 처분한 만큼 1억 원의 처분손실이 표시되고 그동안의 공정가치변동액은 자본에 그대로 둔다.

하지만 상장기업은 해당 자산을 처분하더라도 자본에 반영된 그동안의 평가손익을 그대로 두거나 이익잉여금으로 대체할 뿐, 이를 당기손익에 포함하지 않는다. 따라서 자본에 표시된 기타포괄손익 누계액은 취득 이후 해당 자산의 당기말 현재 가치가 그만큼 상승(또는 하락)해 있다는 뜻으로서 처분시에는 이를 그대로 둔 채, 처분금액과 장부상 금액의 차이만 당기손익으로 인식한다.

이익저수지를 지켜라! 저수지가 마르면 바닥(자본금)이 갈라진다

자본잠식기업은 이미 망가진 기업이다

회사자산에 대한 권리, 즉 지분(몫)을 갖고 있는 사람은 채권자와 주주다. 여기서 말하는 채권자지분이 부채이고 주주지분이 자본이다.

A기업의 자산이 100억 원일 때 부채가 80억 원이고 자본이 20억 원(자본금은 15억 원)이라고 가정하자. 이는 회사가 갖고 있는 장부상의 총자산은 100억 원이지만 장부상 자산에 대한 주주의 몫은 20억 원에 불과하다는 의미다.

게다가 장부상 자산가치와 실제 자산가치는 상당한 차이가 있다. 무형자산처럼 미래 회수가 불확실한 자산과 가치가 없는 부실채권이나 부실재고자산 등을 제외하면 회사를 청산할 때, 자산매각대금은 100억 원이 안될 수도 있으며 이에 따라 주주가 실제로 회수할 수 있는 투자금은 20억 원에 못 미칠 수도 있다.

그런데 만약 A기업의 자산이 100억 원, 부채가 90억 원이고 자본이 10억 원이라면 어떻게 될까? 순자산을 의미하는 자본 10억 원이 자본금 15억 원보다 오히려 더 적은 셈이다. 즉, 회사의 순자산이 주주로부터 출자받았던 자본금보다 더 적은 상황이 된 것으로 자본금 중 5억 원이 훼손된 것인데, 이를 자본잠식이라고 한다.

자본잠식이란 주주의 자본금을 까먹었다는 뜻으로서 자산에서 부채를 뺀 순자산(자본)이 자본금보다도 더 적은 상황을 가리킨다. 그러나 아직은 자본금 15억 원 중 10억 원은 남아 있기때문에 자본금을 완전히 까먹은 것은 아니므로 이를 **부분자본잠식**이라고 한다.

이런 경우 재무상태표의 자본금은 여전히 15억 원으로 표시되고 미처분이익잉여금이 마이너스(-) 5억 원으로 나타나는데 이를 **결손금**이라고 한다. 미래에 순손실이 나서 순자산이 감소할 경우를 대비해서 이익저수지의 일부를 물탱크에 적립금이라는 형태로 옮겨 놨지만 지속적인 가뭄(순손실)으로 다 사용하고 저수지 밑바닥(자본금)이 갈라져서 훼손된 셈이다.

즉, 주주지분(순자산)이 원래의 자본금 15억 원에서 결손금 5억 원을 차감한 10억 원으로 줄어들었다는 의미다. 자본잠식의 대가는 고스란히 주주가 부담해야 한다. 순자산을 이전처럼 다시 복구하려면 주주가 5억 원을 추가로 출자(유상증자)를 하거나, 주식을 소각(무상감자)해서 없앤 자본금으로 5억 원의 결손금을 메꿔야 한다.

● 재무상태표(부분자본잠식)

자본금	15억 원	
결손금	(5억 원)	
자본총계	10억 원	← 자본 < 자본금, 자본은 양수(+)

만약 A기업의 부채가 100억 원이 된 경우, 즉 자산과 부채가 같거나 오히려 부채가 더 많다면 자본금을 모두 다 까먹었다는 것인데, 이를 **완전자본잠식**이라고 한다.

이런 경우라면 회사자산에 대한 주주의 지분권리는 단 1원도 없는 것이며, 더 이상 회사의 주인은 주주가 아니라 채권자라고 봐야 한다. 부실자산을 제외할 경우 채권자마저도 채권회수를 100% 장담할 수 없으며 상장기업이 완전자본잠식 상태라면 이는 상장폐지 사유에 해당한다.

순자산 감소가 더 진행돼서 부채가 110억 원일 경우에는 부채가 자산보다 오히려 10억 원이 더 많다는 것이며, 이는 장부상 표시된 자산으로도 부채를 전액 상환하는 것이 불가능하다는 뜻이다. 이때에도 재무상태표의 자본금은 여전히 15억 원으로 표시되고 미처리결손금이 25억 원으로 나타난다. 즉, 주주지분은 마이너스(-) 10억 원이 된다.

● 재무상태표(완전자본잠식)

자본금	15억 원	
결손금	(25억 원)	
자본총계	(10억 원)	◀ 자본 < 자본금 , 자본은 음수(-)

　재무상태표에 "결손금"이란 과목이 표시된 기업은 자본잠식기업이라고 보면 된다. 자본잠식의 주된 원인은 낮은 이익성과에 따른 누적적자나 과잉투자에 따른 과다차입 때문인데, 투자자 입장에서는 매우 경계해야 하는 상황이므로 자본잠식 가능성을 늘 조심해야 한다. 자본잠식 가능성을 감지하기 위해서는 연도별 이익성과와 수익성추이는 물론, 부채와 자본의 구성비율 및 자본과 자본금의 비율변화를 해마다 꼼꼼히 들여다 봐야 한다.

재무상태표

(단위 : 백만 원)

과목	당기말	전기말
I. 자본금	416,371	416,371
II. 주식발행초과금	1,050,101	1,050,101
III. 결손금	(1,406,414)	(1,356,822)
IV. 기타자본항목	325,098	322,548
자본총계	385,156	432,198

▲ 자본총계가 자본금에 미달하는 부분자본잠식 상태로서 자본총계는 양수(+)이므로 완전자본 잠식 상태는 아니다.

재무상태표

(단위 : 백만 원)

과목	당기말	전기말
I. 자본금	3,400,000	3,400,000
II.기타포괄손익누계액	16,381,322	11,220,103
III.이익잉여금(결손금)	(110,513,104)	35,741,698
자본총계	(90,731,782)	50,361,801

▲ 자본총계가 음수(-)로서 부채가 자산을 907억 원 초과하는 완전자본잠식 상태다.

잠깐!

자본잠식률이 50% 이상이면 관리종목으로 지정돼서 상장폐지가 예고되고 2년 이상 50% 잠식상태가 유지되거나, 완전자본잠식이 되면 상장폐지된다. 자본잠식률은 다음과 같이 계산된다.

$$자본잠식률 = (자본금 - 자본) \div 자본금$$

어떤 기업의 자본금이 50억 원이고 자본이 20억 원이라면 30억 원의 자본금이 잠식된 것이고 이를 자본금인 50억 원으로 나누면 60%의 자본잠식률이 나온다. 즉, 자본금의 60%을 까먹었다는 뜻이다. 만약 자본이 0원이거나 마이너스(-)라면 100% 완전자본잠식 상태임을 의미한다.

정상적인 기업의 경우에는 이와 반대로 유보율을 가지고 재무구조의 안정성을 따지는데, 유보율은 다음과 같이 계산된다.

$$유보율 = (자본 - 자본금) \div 자본금$$

어떤 기업의 자본금이 50억 원이고 자본이 1,000억 원이라면 자본금의 20배가 자본인 셈인데, 자본금을 초과하는 유보금은 950억 원이므로 유보율은 1,900%(= 950억 원 ÷ 50억 원)가 된다. 즉, 자본금의 19배 정도의 순자산을 보유하고 있다는 의미다.

자본금 증자와 감자의 명암 – 증·감자는 왜 하는 것일까?

유상증자는 돈 내라는 청구서다

주주에게 자본의 변동은 매우 중요하다. 자본 자체가 회사 주주의 재산이기 때문에 채권자와 달리 주주는 투자한 회사의 자본이 해마다 어떻게 변하고 있는지 봐야 한다. 자본변동의 가장 큰 이유는 매년 발생하는 순이익(순손실)과 주주배당이다. 달성한 순이익(순손실)만큼 자본이 증가(감소)하고 배당으로 나간 만큼 자본이 감소한다.

그런데 순손익과 주주배당 외에 증자와 감자를 통해서도 자본이 변동한다. 증자는 자본금을 늘리는 것이고, 감자는 자본금을 줄이는 것이라고 생각하면 아주 간단하다. 그러나 그 속에 숨겨진 재무적인 뜻이 무엇인지 알아야 한다.

증자는 기본적으로 회사에 자금수요가 있다는 것이다. 즉 돈이 필요한 상황으로, 그 이유는 사업부진으로 현금성자산이 고갈되거나 신규투자, 또는 차입금상환을 위해 돈이 필요한 경우 등 여러 가지일 것이다.

회사가 자금을 조달하는 방법은 크게 두 가지다. 하나는 금융시장, 즉 은행 등 금융기관으로부터 차입하는 방법이다. 또 하나는 자본시장, 즉 주식(신주)을 발행해서 주주로부터 자금을 조달하는 방법인데 이를 **유상증자**라고 한다. 재무상태표에서 전자는 부채로, 후자는 자본으로 표시된다.

상장기업은 두 가지 방법을 같이 사용할 수 있지만 비상장기업은 자본시장에 등록이 안돼있기 때문에, 대부분의 자금을 은행 등 금융시장을 통해 부채로 조달하는 것이 일반적이다.

차입금에 의한 자금조달은 고정적인 이자비용의 부담과 함께 부채증가에 따른 재무구조의 악화라는 위험까지 수반한다. 반면에 증자에 의한 자금조달은 회사 입장에서는 이자부담도 없고 자기자본 확충에 따라 재무적인 안정성이 더 좋아지는 장점이 있다.

하지만 투자하는 주주 입장에서 보면 유상증자 공시는 "네가 투자한 회사가 돈이 필요하니 좀 더 내라"는 일종의 청구서와 같다. 이에 따라 주주는 추가로 돈을 내야 함과 동시에 증자를 하면 앞으로는 순이익을 나눠먹을 주식수가 많아지고 1주당 이익이 감소하여 주가가 하락하기도 하는 불편한 상황에 놓이게 된다.

결국 재무안정성을 중시하는 채권자 입장에서는 증자가 바람직하지만, 1주당 이익이 중요한 주주 입장에서는 증자가 탐탁치 않다. 그래서 이런 장·단점을 절충한 방식으로 자금을 조달하기도 하는데, 그것이 **전환사채** 또는 **신주인수권부사채**라고 하는 복합증권이다. 기업은 발행할 채권에 전환권 또는 신주인수권을 장착해 보다 낮은 금리로 자금을 조달할 수 있기 때문에 당장의 이자부담을 덜 수 있다. 투자한 채권자도 채권 보유기간동안 회사가 성장하여 주가가 상승하면 전환권(신주인수권)을 행사해서 주식으로 전환하고, 그렇지 않으면 전환권(신주인수권)을 행사하지 않고 만기에 상환받으면 된다.

증자를 하면 재무상태표상 자본금이 늘어나고 게다가 할증발행인 경우라면 주식발행초과금도 늘어난다. 추가로 납입된 현금성자산은 투자자금이나 영업자금으로 사용되는데, 중요한 것은 증자로인해 늘어난 자기자본증가율만큼 순이익이 증가해야 기업가치가그대로 유지될 수 있다는 점이다.

예를 들어, 자산이 1,000억 원이고 자본이 200억 원(자본금은 150억원)인 회사가 200억 원의 유상증자를 통해 자기자본을 400억 원으로 늘린다고 가정하자. 현재 순이익이 20억 원이라면 증자 이전 자기자본순이익률^{ROE}이 10%(= 20억 원 ÷ 200억 원)인데, 증자 이후에도똑같이 10%의 자기자본순이익률^{ROE}이 나오려면 순이익도 현재의2배인 40억 원이 나와야 한다.

과거 고성장시대에는 증자대금을 활용해 투자하거나 시설확장 등을 하더라도 추가적인 이익이 충분히 나와서 기업가치를 유지하기 쉬웠지만, 지금과 같은 저성장시대에는 결코 쉽지 않은 일이다.

공시란 상장기업의 주요 재무적인 사건을 공개해서 투자자들이 알 수 있도록 하는 것인데, 일반적으로 증자공시를 할 때는 자금의 용도를 밝히게 되어 있다. 그러므로 증자를 했다면 그 이유가 무엇인지 확인해야 한다. 특히 신규사업진출을 이유로 증자하는 경우 해당 사업의 비전과 성과가능성도 짚어봐야 한다. 사업성이 없는 신규사업을 마구 내걸어 유상증자로 주주자금을 빨아먹은 다음, 성과부진으로 말아먹는 사례가 흔하기 때문이다.

무상증자는 참고 기다려준 주주에게 주는 선물이다

회사의 이익성과로 이익저수지에 물이 넘치면 주주는 당연히 배당을 기대한다. 하지만 이익저수지의 물(미처분이익잉여금)을 별도 물탱크(적립금)로 옮겨놓거나 현금성자산을 사업에 재투자하는데 쓰다보면 주주배당을 충분히 주지 못하는 경우가 대부분이다.

지금 당장은 불만족스러워도 "앞으로는 많이 주겠지"라고 생각하고 기다리는게 장기투자다. 그렇기 때문에 장기투자자에게는 인내심이 더 요구된다. 그러나 시간이 지나면서 물탱크에 물이 꽉 차서 더 이상 들어갈 공간이 없다면 물탱크를 비워야 한다. 이를 비워야 또 채울 수 있기 때문이다.

이렇게 열심히 이익금을 적립, 내부에 유보시켜 온 회사가 그 적립금을 자본금으로 옮기는 것을 **무상증자**라고 한다. 물탱크의 물을 주주의 자본금통으로 넣어준다는 뜻이며 주주는 추가납입금 없이 공짜로 주식을 받아서 이득을 얻고, 회사 입장에서도 돈이 나가는 건 없으니 누이좋고 매부좋은 상황이 된다. 주식배당처럼 회사의 순자산(자본)에는 아무 변화가 없다.

무상증자는 주식발행초과금 등 자본잉여금과 적립금으로 유보해둔 이익금이 많은 회사가 이들을 재원으로 기존 주주에게 공짜로 주식을 줘서 자본금을 늘리는 것이다. 따라서 주주는 실질적으로 특별배당금을 받는 것과 같아 유상증자와는 달리 무상증자공시는 주가에 호재로 작용한다. 물론 유상증자처럼 주식수가 늘어나 장기적으로는 1주당 이익이 희석되는 것은 마찬가지다.

한편, 감자는 증자와는 반대로 돈이 필요없어서 자본금을 줄이고 투자받았던 돈을 주주에게 환불하는 것이다. 이는 결국 기업규모를 축소하는 셈인데, 사업규모를 줄이기 위한 유상감자보다는 대부분 자본잠식기업에서 결손을 메꾸기 위해 무상감자가 이루어진다.

무상감자란 감자를 하되, 주주에게 받았던 투자금을 전혀 환불해주지 않는 방식이다. 주주로서는 매우 황당한 일이지만 주주가 이를 받아들일 수밖에 없는 상황이 있다. 그래서 주주에게 감자 공시는 증자 공시보다 훨씬 더 달갑지 않은 공시다.

● 무상증자의 효과

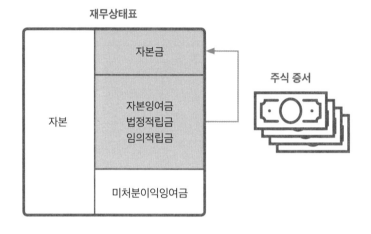

재무상태표

자본

자본금

자본잉여금
법정적립금
임의적립금

미처분이익잉여금

주식 증서

감자로 부실기업이 다시 살아난다

무상감자를 하면 회사에는 이득이 생긴다. 투자 당시 받았던 돈을 한푼도 안주고 자본금을 정리했기 때문인데 이를 감자차익이라고 한다. 무상감자를 통해 확보한 감자차익은 골칫덩어리였던 결손금을 메꾸는데 사용된다.

감자차익은 결국 회사가 주주 돈을 먹은 것이므로 자본잉여금에 해당한다. 하지만 이를 결손금을 메꾸는데 사용하면서 바로 없어진다. 앞서 예를 든 사례기업(자산 100억 원, 부채 90억 원, 자본금 15억 원, 결손금 5억 원)에서 자본금의 3분의 1인 5억 원을 무상감자하고 감자차익을 모두 결손금을 메꾸는데 사용했다면 자본금은 10억 원으로 줄어들면서 결손금도 같이 없어지게 된다.

과거의 뼈아픈 손실의 흔적을 모두 세탁해서 마치 처음부터 자본금이 10억 원인 회사였던 것처럼 리모델링된 모습으로 다시 태어나는 셈이다. 이를 우스갯소리로 회사가 "주주가 끓여준 비싼 감자탕을 먹었다"고 표현하는데, 회사는 이 감자탕을 먹고 원기회복해서 다시 살아나겠지만, 가지고 있던 주식을 강제 소각당한 주주의 심정은 까맣게 타들어갈 것이다.

사업부진으로 이익저수지 바닥이 말라버렸을 때는 이렇게 모든 책임과 피해가 고스란히 주주에게 돌아가기 때문에 주주는 재무상태표를 보고 이익저수지(미처분이익잉여금)와 별도 물탱크(적립금)에 얼마나 많은 물이 저장돼 있는지, 그리고 투자한 회사의 자본(순자산)이 매년 어떻게 변하고 있는지 체크해야 한다.

재무상태표

과목	무상감자 전	무상감자 후	
자본금	15억 원	10억 원	← 5억 원 감소
결손금	(5억 원)	-	← 5억 원 증가
자본총계	10억 원	10억 원	← 변동없음

주식분할은 주주에게 좋은 걸까? 나쁜 걸까?

주식분할은 액면분할, 줄여서 "액분"이라고 하는데 한마디로 주식의 액면가를 찢어서 쪼개는 것이다. 분할하는 이유는 단 하나, 주가가 너무 비싸서 거래가 잘 안되기 때문이다. 액면가 5,000원인 주식이 주당 100만 원에 거래된다면 웬만한 소액자금으로는 1주를 사기도 힘들뿐더러 1,000만 원을 투자해도 10주밖에 사지 못해 왠지 상실감이 들어 투자가 꺼려진다.

주식이든 부동산이든 거래가 활발해야 가격이 오르는데, 비싸다는 이유로 거래가 활발하지 않으면 아무리 좋은 회사라도 주가상승에는 한계가 있다. 이런 경우 액면을 쪼개면 주가가 낮아져 거래가 활성화될 수 있다.

액면분할은 쪼개진 액면가에 비례해서 그만큼 주식수가 늘어나므로 자본금에는 아무 변화가 없다. 예를 들어, 주당 액면가 5,000원인 기업의 발행주식이 100만주라면 현재 자본금은 50억 원이다. 현재 주가가 100만 원인 이 회사가 1/10로 액면분할할 경우 주당 액면가는 500원으로 낮아지는 대신, 발행주식수는 10배인 1,000만주가 되며 자본금은 그대로 50억 원이다. 주가 또한 액면분할 전 시가의 1/10인 10만 원으로 낮아져 투자자들이 거래하기가 훨씬 수월해진다.

주식분할은 주식배당이나 무상증자처럼 주주에게 직접적인 이익을 주는 것은 아니며 단지 거래가 활성화됨으로써 주가에 긍정적으로 작용할 뿐이다. 재무적으로도 회사에는 아무런 변화가 없다.

주식분할도 형식적으로는 발행주식수가 늘어나므로 주식배당이나 무상증자처럼 1주당 이익은 종전보다 낮아진다. 그러나 이는 새로 주식이 발행된 것이 아니며 액면분할에 따라 주당배당금도 같이 낮아지므로 주당이익에 대한 실질적인 희석효과는 없다.

8 주주에게는 자기자본이 너무 적어도 탈, 많아도 탈이다

자기자본의 대부분은 자본금보다는 잉여금이 차지한다. 잉여금 중 이익잉여금은 그동안 달성한 사업성과로서 매년의 순이익이 그대로 쌓인 이익저수지의 물이다. 기업에 남아 있는 이익잉여금이란 그동안의 사업성과 중 배당으로 나가지 않고 각종 사업자산에 투자되어 지금까지 그만큼 기업이 성장해온 것으로 보면 된다.

이렇게 외부차입에 기대지 않고 자기자본만으로 성장하는 것이 안전하기는 하다. 갚을 것도 없고, 이자를 낼 것도 없으니 좋다. 하지만 자기자본으로 성장하기 위해 자기자본을 계속 축적해 나가는 기업의 주주 입장에서는 충분한 배당을 받지 못하게 된다. 어쩌면 자기자본이 많이 축적된 이유가 강요된 주주희생의 결과일 수도 있다. 배당은 법적의무가 아니기 때문이다.

자기자본이 많은 기업이 안전한 기업이기는 하지만, 주주가 환영하는 기업은 아니다. 이익저수지에 물이 쌓이는 대로 별도 물탱크로 옮겨 놓거나 이익저수지의 물이 차고 넘치는데도 성장을 빌미로 주주에게 나눠주지 않고 계속 방치하는 것은 주주에게는 결코 달갑지 않은 일이다.

주주에게는 자기자본순이익률ROE이 높은 기업이 최고인데, 전년도 순이익성과만큼 자기자본이 증가하면 그에 비례해서 올해 순이익도 증가해야 전년도와 동일한 ROE를 유지할 수 있다.

만약 같은 순이익을 낸다면 자기자본이 적은 기업의 ROE가 더 높게 나온다. 따라서 동일한 순이익 수준에서 ROE를 높이기 위해서는 자기자본을 줄여야 한다. 이는 부채를 늘린다는 의미로서 더 많은 부채사용으로 ROE를 개선할 수 있다. 다만, 차입금사용으로 이자비용이 증가하면 그에 따라 순이익이 줄어들게 되므로 순이익을 동일하게 유지하려면 차입으로 조달된 자본의 영업이익성과가 이자비용보다 높아야 한다.

● 자기자본순이익률(ROE)의 개선 방법

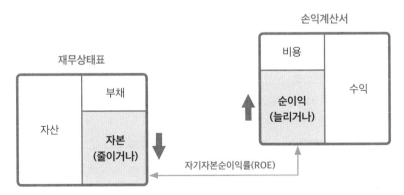

결국, 주주 입장에서는 자기자본과 부채가 지나치게 한쪽으로 쏠리지 않는, 어느 정도 균형을 유지하는 기업이 좋다.

현금성자산이 충분하다면 자사주매입을 통해 자기자본을 줄이는 것도 주주가치제고를 위해서는 좋은 일이다. 자사주매입은 자기자본감소로 ROE가 높아지며 발행주식수 감소로 1주당 이익이 많아지므로 주주에게는 환영받을 일이다.

주식투자를 위한 꿀팁!

주주를 주인으로 섬기는 회사에 투자하라

주주가 기업에 투자하는 목적은 둘 중 하나다. 첫째는 안정적인 배당수익을 얻기 위해서 배당능력이 높은 기업에 투자하는 경우로서 가치투자라고도 한다. **가치주**란 이미 사업기반이 안정적인 궤도에 오른 기업의 주식으로서 양호한 이익성과를 바탕으로 주주에게 은행이자 이상의 배당수익을 제공할 수 있는 기업의 주식을 말한다.

기업의 최근 수년간 배당성향을 보면 회사가 주주를 얼마나 배려하는지 알 수 있다. 배당성향이란 당기순이익 중 배당금의 비율로서 주주몫의 이익성과 중 얼마를 주주에게 보상해주는지 보여준다. 순이익이 100억 원인 기업의 배당성향이 30%라면 순이익 중 30억 원을 배당금으로 쓴다는 뜻이다.

그런데 배당성향이 높다고 해서 배당수익률이 반드시 높은 것은 아니기 때문에 주주에게는 배당수익률이 더 중요하다. 앞의 기업의 1주당 이익이 3,000원이라면 30%인 900원이 배당금인데, 만약 회사 주가가 50,000원이라면 배당수익률은 1.8%에 불과하여 은행금리에도 못 미친다. 배당성향과 배당수익률 모두 주석에 나와 있으므로 이를 통해 해당 기업이 주주에게 충분한 투자수익률을 제공하는 기업인지 확인해야 한다.

둘째는 성장기에 있는 기업에 투자하는 경우다. **성장주**란 아직은 사업의 정점에 이르지 못한 기업으로 이익성과의 대부분을 성장을 위한 투자재원으로 재투자해야 하는 기업의 주식이다. 이런 성장주는 배당금을 거의 안 주거나 적게 준다고 하더라도 성장가능성이 매우 높아 주주들이 미래 주가상승을 기대하고 투자하는 기업이다. 기업 중에는 이 두 가지 성격이 혼합된, 성장하는 가치기업도 있다.

주주가 된다는 것은 곧 그 기업의 주인이 된다는 의미다. 그러나 기업에 사업자금을 투자한 주주라고 다 같은 주주가 아니다. 상장기업에 투자한 주주의 거의 대부분은 소액주주인데 이들이 투자한 기업으로부터 주인대접을 받기는 쉽지 않다.

주주를 주인으로 섬기는 기업경영이 주주중심경영이고 이런 경영을 실천하는 기업이 주주친화적인 기업인데, 과연 어떤 기업을 의미하는 것일까?

주주로부터 투자받은 돈을 소중히 생각하는 기업이다. 가치기업이라면 주주가 원하는 만큼의 충분한 배당을 지급하는 기업일 것이고, 성장기업이라면 매년 뛰어난 이익성장을 통해 주가상승으로 보답하는 기업일 것이다.

하지만 현실은 그렇지 않다. 형태는 상장기업이지만 경영은 아직도 과거 비상장기업의 행태를 벗어나지 못한, 마치 개인기업과 같은 상장기업도 많다. 이런 기업에게서 소액주주의 권리를 인정받기는 어렵다.

주주 돈으로 매년 이익성과를 내고도 배당에 인색한 기업, 무리한 사업확장으로 성장은 커녕 오히려 주주자본을 훼손시키는 기업, 주주이익은 안중에도 없고 대주주인 임원의 급여와 퇴직금만 거액으로 챙기는 기업, 주주를 호구로 보고 수시로 증자 공시를 해서 뜯어내는 기업, 배당은 안하고 계속 자기자본만 불려 지분매각을 통해 먹튀하는 대주주, 툭하면 횡령 등 임직원의 도덕적해이가 문제로 언론에 오르내리는 기업, 분식회계로 시장신뢰를 잃어버린 기업 등 많은 기업이 주주이익을 침해하는 행위를 서슴없이 자행하고 있다.

투자하기 전에 과연 이 기업이 진정으로 주주를, 주주의 돈을 소중히 여기는 기업인지 생각해 볼 필요가 있다. 왜냐하면 주주를 헌신짝처럼 여긴다는 것을 내가 알았을 때는 조치를 취하기에 이미 늦었기 때문이다.

CHAPTER

5

손익계산서의 수익으로
회사가 덩치값을
하는지 본다

손익계산의 구조와
체크사항을 알아보자

　손익계산서는 1년 동안 회사가 얼마나 많은 이익성과를 냈는지, 실적을 보여주는 일종의 경영성적표다. 그런데 학교에서도 학생의 학업성적표를 국어, 수학, 영어 등으로 나누어 표기하듯이 회사의 경영성적표도 기업활동 영역별로 나누어 표시한다.

　기업의 3대 활동은 크게 **영업, 투자, 재무활동**으로 나누어지는데, 각각의 성과를 손익계산서에 구분해 표시한다. 각각의 성과는 모두 해당 수익에서 해당 비용을 차감하여 손익으로 표시한다.

　수익은 크게 영업수익(매출액)과 금융수익 및 기타수익(주로 투자수익이 포함된다)으로 나눈다. 비용 또한 영업수익에 상응하는 영업비용과 금융비용 및 기타비용(주로 투자손실과 재무활동에 따른 비용이 포함된다)으로 나누는데, 재무제표에서는 영업비용을 다시 매출원가 및 판매비와관리비로 구분한다.

영업활동성과를 의미하는 영업이익은 영업수익에서 영업비용을 차감하여 계산하고, 투자 및 재무활동성과는 금융 및 기타수익과 금융 및 기타비용의 차액으로 계산한다. 이제부터 손익계산의 단계별로 하나씩 들여다보자.

● 손익계산의 틀

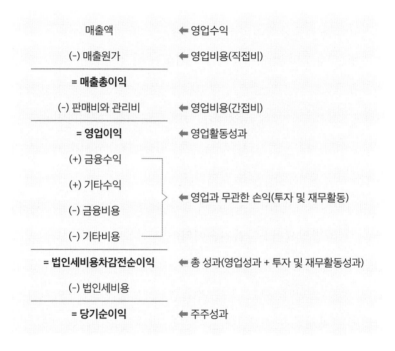

일단 매출액에서 매출원가를 차감하면 **매출총이익**이 계산된다. 예를 들어 생산원가가 100만 원인 제품을 120만 원에 매출했다면 20만 원이 매출총이익인 셈이다. 매출총이익은 제품(상품)매출에서 얻은 1차 마진을 뜻하며 매출액에서 직접비인 생산(매입)원가만을 차감한 것이다.

그러나 영업비용에는 이런 직접적인 원가 이외에 여러 가지 간접비용이 있는데, 판매비와관리비는 제품(상품) 등의 판매활동과 기업의 일반적인 관리활동에서 발생하는 간접적인 비용을 의미한다.

매출총이익에서 판매비와관리비를 마저 차감하면 **영업이익**이 계산된다. 영업이익은 회사의 주된 사업인 영업활동의 성과로서 손익계산서에서 가장 중요한 이익성과라고 할 수 있다.

한편, 금융수익 및 기타수익은 기업의 주된 영업활동과 상관없는 투자활동으로부터 발생한 수익(예를 들면 이자수익, 배당금수익, 임대료수익, 각종 자산의 평가이익 및 처분이익 등)이며, 금융비용 및 기타비용은 투자활동이나 재무활동으로부터 발생한 비용(예를 들면 이자비용, 각종 자산의 평가손실 및 처분손실 등)을 말한다.

영업이익에 금융수익 및 기타수익을 더하고 금융비용 및 기타비용을 빼면 **법인세비용차감전순이익**이 계산된다. 법인세비용차감전순이익은 영업성과는 물론 투자와 재무활동의 성과가 모두 포함된 총 성과다. 만약 영업이익에 비해 법인세비용차감전순이익이 더 많다면 투자성과가 좋았다는 뜻이지만, 반대의 경우라면 영업이익의 일부분을 투자손실 및 이자비용 등으로 까먹었다는 뜻이다.

법인세비용차감전순이익에서 법인세비용을 차감하면 최종적으로 **당기순이익**이 산출된다. 최종 성과인 당기순이익을 주주성과라고 하는 이유는 이 금액이 주주 몫이기 때문이다. 당기순이익은 재무상태표의 미처분이익잉여금(이익저수지)으로 흘러들어가고 그 중 일부는 주주배당으로 지급된다.

이렇게 손익계산서는 매출총이익, 영업이익, 법인세비용차감전순이익과 당기순이익의 4단계로 나누어서 표시한다. 손익계산서의 이익을 이렇게 단계별로 구분해서 표시하는 이유는 투자자 등 재무정보이용자들로 하여금 다양한 이익정보를 자신들의 정보이용목적에 따라 선택적으로 활용할 수 있도록 하기 위해서다.

다만, 금융업이나 서비스업처럼 생산이나 매입에 따른 재고자산이 없는 업종은 매출원가라는 항목이 없으므로 매출액(또는 영업수익)에서 판매비와관리비(또는 영업비용)를 차감한 영업이익부터 출발해서 손익계산서가 3단계로 작성된다.

기업의 생산활동이나 구매활동의 효율성을 평가하기 위해서는 매출총이익을, 영업활동의 성과를 알아보기 위해서는 영업이익을 살펴봐야 하며, 투자나 재무활동에 따른 성과를 따져보기 위해서는 법인세비용차감전순이익을 체크해야 한다.

즉, 매출액을 기준으로 매출총이익의 비율이나 매출원가의 비율을 전년도와 비교함으로써 당기 제조(매입)원가의 과다투입여부를 알아낼 수 있으며, 사업성과인 영업이익의 크기를 통해 기업의 경쟁력과 장기적인 지속가능성을, 그리고 법인세비용차감전순이익을 통해 기업의 전체적인 총 성과를 진단할 수 있다.

또 하나 알아둬야 할 것은 손익계산서의 숫자는 한 회계기간 동안 발생한 금액의 합계치로서 결산일 현재의 잔액개념인 재무상태표 숫자와는 다르다는 점이다.

포괄손익계산서

당기 20*2년 1월 1일부터 20*2년 12월 31일 까지
전기 20*1년 1월 1일부터 20*1년 12월 31일 까지

(단위 : 백만 원)

과목	당기	전기
Ⅰ. 매출액	163,286	120,260
Ⅱ. 매출원가	135,781	96,492
Ⅲ. 매출총이익	27,505	23,768
Ⅳ. 판매비와관리비	19,501	17,550
Ⅴ. 영업이익	8,004	6,218
1. 금융수익	889	152
2. 금융비용	2,942	1,145
3. 기타수익	347,295	331
4. 기타비용	7,229	72
5. 관계기업 투자이익(지분법이익)	2,880	1,895
6. 관계기업 투자손실(지분법손실)	-	1,307
Ⅵ. 법인세비용차감전순이익	348,897	6,072
1. 법인세비용(수익)	12,376	741
Ⅶ. 당기순이익	336,521	5,331
Ⅷ. 세후기타포괄손익	3,529	(1,032)
1. 기타포괄손익-공정가치 금융자산평가손익	(348)	(784)
2. 기타	3,877	(248)
Ⅸ. 당기총포괄손익	340,050	4,299
기본주당이익	24,766	313

▲ 금융수익(비용)과 기타수익(비용)의 상세한 비용을 주석에서 따로 표시하므로 손익계산서에
서는 금융수익(비용)과 기타수익(비용)을 합쳐서 표시하는 기업도 있다.

▲ 비상장기업은 금융수익 및 기타수익을 영업외수익으로, 금융비용 및 기타비용을 영업외 비
용으로 표시한다.

그리고 모든 수익·비용은 현금기준이 아닌 발생기준에 따라 인식되기 때문에 각 단계별 이익은 한 회계기간 동안 발생된 이익으로서 현금흐름액과는 전혀 무관하며 단지 발생주의에 따른 이익성과 수치라는 점에 주목해야 한다. 즉, 들어온 돈이 아니라 "발생된 이익 숫자"일 뿐이다. 손익계산서를 보고 체크해야 할 주요 내용은 다음과 같다. 재무상태표와 마찬가지로 모든 수치를 작년도와 비교해서 보되, 큰 변동이 있는 손익항목에 주목해야 한다.

❶ 해당연도의 경영성과(영업이익 또는 당기순이익)가 어떤가?

사업운영(경영)의 성과는 이익으로 평가한다. 손익계산서에는 모두 4종류의 이익이 표시되는데, 그 중 가장 중요한 이익은 영업이익이다. 영업이익은 투자와 재무활동이 제외된 순수한 영업성과로서 앞으로 영업활동을 계속하는 한, 지속가능한 이익의 원천이다. 영업이익을 매출액 또는 총자본과 비교해보면 매출수익성 또는 자본수익성을 따져볼 수 있다.

● 관련 재무지표

매출액영업이익률 = 영업이익 ÷ 매출액

▲ 흔히 말하는 영업이익률로서 매출금액의 몇 %가 최종 영업마진으로 남았는지 보여준다. 영업이익률이 5%라면 100원을 팔아서 5원이 남았다는 뜻으로 매출액의 95%가 영업비용으로 발생한다는 뜻이다.

> **총자본영업이익률 = 영업이익 ÷ 총자본**

▲ 사업자본의 투자수익률로서 사업에 투자된 돈이 얼마나 많은 영업성과를 냈는지 보여준다.

❷ 회사의 비용관리가 효율적으로 이루어지고 있는가?

회사가 이익을 늘리기 위해서는 당연히 수익이 증가해야 하겠지만, 비용을 효율적으로 관리하지 못하면 매출이 아무리 많이 증가해도 이익은 늘어나지 않는다. 매출액에 대한 매출원가 또는 판매비와관리비 비율의 추세변화를 통해 비용관리의 문제점을 체크할 수 있다.

● 관련 재무지표

> **매출원가율 = 매출원가 ÷ 매출액**

▲ 매출액 중 제조원가(매입원가) 등 직접비가 차지하는 비중으로서 매출원가율이 80%라면 매출총이익률은 20%라는 의미다. 매출원가율이 너무 높으면 매출총이익이 낮아서 판매비와관리비 등 간접비를 충당하기 어렵고 영업이익도 달성하기 어렵다.

> **판매관리비율 = 판매비와관리비 ÷ 매출액**

▲ 매출액 중 간접비의 비중으로서 이 비율이 높으면 매출총이익률이 높아도 영업이익을 달성하기 어렵다.

❸ 회사가 지속적으로 성장하고 있는가?

매출증가율과 영업이익 또는 순이익증가율을 연도별로 비교해

보면 해마다 기업이 얼마나 성장하고 있는지 확인할 수 있다. 만약 동종업계 평균성장률이나 전년도 성장률에 못 미친다면 구체적인 원인을 확인해야 한다.

● 관련 재무지표

매출증가율 = (당기 매출액 - 전기 매출액) ÷ 전기 매출액

▲ 매출액이 전년도에 비해 얼마나 성장했는지 보여준다.

영업이익증가율 = (당기 영업이익 - 전기 영업이익) ÷ 전기 영업이익

▲ 영업이익이 전년도에 비해 얼마나 성장했는지 보여준다.

순이익증가율 = (당기 순이익 - 전기 순이익) ÷ 전기 순이익

▲ 당기순이익이 전년도에 비해 얼마나 성장했는지 보여준다.

❹ 회사의 영업활동의 성과와 투자 및 재무활동의 성과가 어떤가?

영업활동의 성과는 영업이익의 크기를 통해 평가하고 투자 및 재무활동의 성과는 금융 및 기타손익의 크기로 평가하면 된다. 일반적으로 금융 및 기타수익은 투자활동의 성과를 나타내고, 금융 및 기타비용은 재무활동에 따른 비용(이자비용 등)을 나타내므로 법인세비용차감전순이익이 영업이익보다 많다면 투자 및 재무활동의 성과가 양호했음을 의미한다.

매출의 방향성을 주목하라!
무조건 우상향해야 한다

매출은 언제 발생하는가?

손익계산서의 맨 위에 등장하는 것이 매출액이다. 사업은 이익을 내는 것이 가장 큰 목적인데, 이익을 내기 위해서는 먼저 매출이 충분히 나와야 한다. 매출이 충분해도 이익이 안 나올 수 있지만, 매출 없이는 절대 이익이 나올 수 없기 때문이다. 즉, 매출은 기업이익의 기반이고 토대인 셈이다.

따라서 매출은 해마다 성장하고, 장기적으로는 우상향해야 한다. 단기적으로는 업황부진이나 경기침체에 따라 감소할 수도 있지만, 우하향이 장기적인 추세가 돼서는 곤란하다. 매출의 추세를 보기 위해서는 최근 3~5년의 매출흐름을 봐야 한다.

매출은 업종(사업내용)에 따라 다양하게 구성된다. 제조업은 제품 매출, 도·소매 등 유통업은 상품매출, 임대업은 임대료수익 등 다양한데 사업활동, 즉 영업활동을 통해 번 것이므로 영업수익에 해당한다. 번 것이라고는 하지만 매출액이 그만큼 돈을 번 것을 의미하지는 않는다.

매출은 발생시점에서 수익으로 잡히기 때문인데, 여기서 발생시점은 고객이나 거래처에 제품이나 서비스가 제공되고 그로 인해 대금청구권이 확보되는 시점을 의미한다. 예를 들어, 거래처에 5억 원의 제품을 납품했다면 5억 원의 대금청구권이 생기는 것이며 국내 거래인 경우에는 상대방에게 세금계산서를 발행해서 돈 달라는 청구권을 행사한다.

이에 따라 일반적으로는 세금계산서를 발행한 시점에 매출채권이라는 자산과 매출수익이 동시에 전산시스템에 입력되고 이후 매출채권이 입금되면 채권을 장부에서 소멸시키게 된다. 이렇게 상대방에게 제품이나 서비스가 제공되는 시점에서 대금청구권이 확보되기 때문에 모든 매출은 제품 인도^{Delivery}나 판매 또는 서비스 제공 시점에 인식한다.

따라서 연간 매출액이 1,000억 원이라면 그만큼 제품을 팔거나 서비스를 제공했다는 뜻일뿐, 실제로 받은 돈이 1,000억 원이라는 뜻은 아니다. 1,000억 원 중 실제로 받은 돈은 현금성자산에 있겠지만, 당기말 현재 못 받은 돈은 매출채권이라는 자산에 잠겨있기 때문이다.

● 매출수익의 발생 시점

매출에 영향을 미치는 요인이 무엇인지 파악하라!

매출은 꾸준히 우상향하는 것이 가장 바람직하지만 매출에 영향을 미치는 주요 요인으로 경기변동이 있다. 내수기업은 국내경기, 수출입기업은 국제경기에 매우 민감해서 경기주기별로 기업의 매출은 사이클을 탈 수밖에 없으며 사이클 주기별로 매출이 오르내리는 것은 불가피하다. 금리상승과 하락의 주기별로 은행업의 이자수익이 달라지고, IT산업의 경기순환주기에 따라 반도체기업의 매출이 달라지는 것은 어쩔 수 없는 일이다.

따라서 기업의 매출을 볼 때는 특정연도에 국한해서 보면 안 되고, 경기상승기와 하락기를 포함한 전체 주기를 통틀어 봐야 한다. 만약 해당 업종이 상승주기Up-cycle에 있어 동일 업종내의 다른 회사들은 대부분 매출이 성장했음에도 불구하고 해당기업만 매출이 감소했다면 이는 매우 심각한 문제라고 봐야 한다.

이런 경우에는 좀 더 구체적인 매출분석이 필요하다. 매출은 해마다 변동하기 마련인데, 그 변동요인을 파악하고 이를 통해 향후 매출을 전망하고 추정하는 것은 투자자에게 매우 중요하다.

매출은 판매량^{Quantity}에 판매단가^{Price}를 곱한 금액으로 결정된다. 즉, 매출을 결정하는 변수는 Q와 P다. 매출액 감소의 가장 큰 이유는 판매량 감소인데, 판매량이 10% 감소해도 판매단가를 10% 올릴 수만 있다면 매출액은 감소하지 않는다. 그런데 판매단가를 인상하면 다시 판매량이 감소한다. 이런 경우 어느 쪽이 영향을 더 많이 받는가에 따라 매출은 달라지게 된다. 만약 판매량과 판매단가가 동시에 하락한다면 매출에는 치명타가 될 것이다.

손익계산서에는 매출액만 표시되지만, 사업보고서를 보면 연도별로 제품별 판매단가의 변동에 관한 정보가 나오므로 이를 통해 매출감소의 원인이 판매단가 인하인지, 판매량 감소인지 알 수 있다.

부자회사는 사업 말고도 돈을 번다

매출이 사업활동으로 인한 영업수익이라면 금융수익 및 기타수익은 사업활동과는 상관없이 주로 투자활동으로 벌어들인 성과다. 이런 투자수익은 영업자산이 아닌 금융자산이나 투자자산에서 발생하므로 투자수익을 얻기 위해서는 기업이 금융자산이나 투자자산을 갖고 있어야 한다.

즉, 회사규모가 작아서 영업자산 외에 이런 여유 투자자산이 없는 회사에서는 투자수익을 기대하기 어려우며, 투자자산이 많다고 해서 꼭 투자수익이 나오는 것도 아니다. 실패한 투자는 투자손실이 날 수밖에 없고 이는 금융비용 및 기타비용으로 나타난다.

금융수익 및 기타수익의 유형과 의미

다음과 같은 유형이 있는데, 비상장기업은 손익계산서에 하나하나 과목별로 표시하지만 상장기업은 손익계산서에 금융수익과 기타수익으로 표시할 뿐, 과목별 상세내역은 주석에서 보여준다. 투자성과평가를 위해서는 우선 각각의 의미를 알아야 하고 주석을 통해 관련 손익을 확인해야 한다.

❶ 이자수익

금융자산 중 채권이나 은행예금 등에 투자해서 얻은 이자수익 발생액을 말한다. 때로는 대여금의 이자수익일 수도 있다.

❷ 배당금수익

금융자산 중 주식에 투자해서 받은 현금배당금수익을 말한다. 주식배당은 수익으로 처리하지 않기 때문에 이에 포함되지 않는다.

❸ 임대료수익

회사 소유의 부동산을 빌려주고 받은 월세수익이다. 단, 부동산 임대업을 사업목적으로 하고 있는 회사는 해당 부동산이 주된 영업 자산이므로 임대료수익이 매출액에 포함된다.

❹ 금융자산평가이익

결산일 현재 보유중인 금융자산(주로 상장주식)의 공정가치가 장부 가액보다 상승한 경우 그 차액을 말한다. 주식의 공정가치 상승에 따른 평가손익은 기타포괄손익누계액(자본)으로 당기손익으로 보지 않는 것이 원칙이다.

그러나 단기매매하는 상장주식 및 회사가 당기손익에 반영하기 로 미리 정한 경우(해당 금융자산을 당기손익-공정가치측정 금융자산으로 분류 하고 매년 평가손익을 당기손익에 반영함)에는 당기손익에 포함된다.

❺ 금융자산처분이익

주식이나 채권 등 금융자산을 처분할 때 장부가액보다 더 받은 금액이다.

❻ 유형자산처분이익

사용하던 유형자산을 매각한 경우 장부가액(취득원가에서 감가상각 누계액을 차감한 금액)보다 더 받은 금액이다.

❼ 외화환산이익

내수기업이 아닌 수출입기업은 제품을 수출하거나 원재료를 수입하는 등 사업활동과정에서 외화매출채권과 외화매입채무를 보유하게 된다. 예를 들어 제품을 미국에 수출하면 외화매출채권이, 원자재를 일본에서 수입하면 외화매입채무가 발생한다. 또한 해외에서 자금을 조달하면 외화차입금이 발생하기도 한다.

그런데 이와 같은 외화자산·부채는 거래 발생 당시에는 그 시점의 환율을 적용해서 원화로 환산하지만, 이후에 환율이 계속 변동하기 때문에 채권을 회수하거나 채무를 상환할 때는 환율의 변동으로 인해 추가로 손익이 발생한다.

따라서 결산시에는 기업의 외화자산·부채를 결산일의 환율(마감환율이라고 한다)로 환산하게 되는데, 장부상 자산·부채금액과 결산일의 환율로 환산한 금액의 차이가 외화환산손익이다. 만약 환율이 상승한 경우라면 외화자산에서는 환산이익이 발생하지만, 외화부채에서는 환산손실이 발생할 것이다. 예를 들어, 12월에 100만달러를 수출할 당시에는 달러당 환율이 1,280원이었으나 결산일에 환율이 달러당 1,300원으로 상승했다면 원화로 평가한 외화매출채권의 가치는 13억 원으로 평가된다. 즉 달러당 20원, 총 2,000만 원의 외화환산이익이 발생한다.

외화환산손익은 아직 실현된 손익은 아니지만 단기간내에 실현 가능성이 높다. 따라서 발생주의에 따라 손익성과를 표시하고 금융자산에 속하는 해당 외화자산·부채금액을 결산일의 환율을 기준으로 공정하게 표시해야 한다.

❽ 외환차익

외화자산을 회수하거나 외화부채를 상환하는 경우 장부상 금액과 실제 회수일 또는 상환일의 환율차이로 인해 발생하는 이익을 의미한다.

흔히 말하는 환차손 또는 환차익은 이것을 가리키는 말이다. 외환차손익도 외화환산손익과 마찬가지로 금융손익 또는 기타손익으로 처리된다. 그러나 외화환산이익이 일종의 미실현이익이라면 외환차익은 실현된 확정이익이라는 점에서 차이가 있다.

예를 들어, 앞의 사례기업이 결산시 달러당 1,300원의 환율을 적용해서 100만달러의 외화매출채권을 13억 원으로 환산해 두었는데, 이듬해 회수시점에 환율이 더 상승하여 1,330원이 됐다면 외화매출채권의 원화가치는 13억 3,000만 원으로 올라간다. 결국 장부상 금액인 13억 원과의 차이인 3,000만 원의 차익이 발생하는데, 이를 외환차익이라고 한다.

외화환산이익과 외환차익 모두 사업을 잘해서가 아니라 단지 환율상승때문에 금융자산에서 발생한 이익성과로 사업과는 전혀 무관하다. 그래서 손익계산서에서는 이들을 금융수익 또는 기타수익에 포함시킨다. 따라서 영업이익에는 반영되지 않지만 당기순이익에는 영향을 미친다.

결국 원재료의 해외의존도가 높아서 해외수입을 많이 하는 기업이나 항공사처럼 외화부채가 많은 기업은 환율이 상승하면 대규모 환손실로 인해 순이익이 크게 감소할 수밖에 없다. 수출기업은 오히려 환율이 하락할 때 손실을 입게 되는데, 사업성과가 좋아서 영업이익이 잘 나오더라도 이런 환율하락에 따른 위험이 최종성과인 당기순이익에 악영향을 미치게 된다. 따라서 외화자산·부채의 비중이 높은 기업은 반드시 환율변동에 따른 위험을 평가해야 한다.

● 외화환산이익과 외환차익의 의미

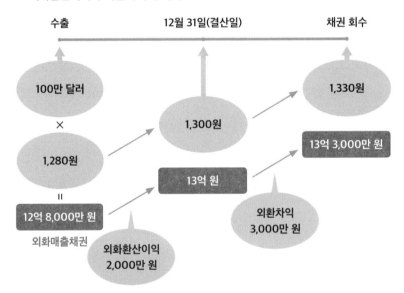

(주석) 30. 금융수익

당기와 전기 중 금융수익 내역은 다음과 같습니다.

(단위 : 백만 원)

과목	당기	전기
이자수익	193	112
배당금수익	40	40
당기손익-공정가치측정 금융자산평가이익	503	-
기타금융수익	153	-
합계	**889**	152

▲ 당기 금융자산의 투자성과는 전기보다 양호한 편이며 총 8.9억 원의 수익이 발생했다.

(주석) 27. 기타수익

당기와 전기 중 기타수익 내역은 다음과 같습니다.

(단위 : 백만 원)

과목	당기	전기
외환차익	5,800	-
유형자산처분이익	8	310
관계기업투자자산처분이익	668	-
염가매수차익	340,300	-
잡이익	519	21
합계	**347,295**	331

▲ 기타수익의 대부분은 사업결합과정에서 발생한 3,403억 원의 염가매수차익이며 외환차익도 58억 원이 발생했다. 기타수익은 대부분 1회성 손익으로 일시적이므로 지속가능하지 않다.

3 수주산업의 기묘한
매출계산법에 주의하라!

제품공급이 없어도
회사가 마음대로 매출을 잡는다

건설·조선·설계용역업처럼 발주자로부터 선주문을 받아 생산작업에 착수하는 사업을 수주산업이라고 한다. 일반적으로 제품이 판매되고 거래처에 인도됐을 때 매출수익을 잡는 이유는 이미 만들어진 제품이라고 하더라도, 판매되기 전까지는 매출이 발생한 것이 아니고 따라서 대금청구권도 없기 때문이다.

하지만 수주산업에 속하는 기업은 그럴 필요가 없다. 이미 주문을 통해 계약을 땄으며 계약금액도 확정된 것이다. 즉, 계약에 따라 전체 매출수익이 이미 확정된 것이므로 작업을 진행하기만 하면 매출수익이 발생한다고 볼 수 있다.

예를 들어, 3년에 걸쳐 진행할 계약금액 100억 원인 공사를 수주했다면 공사를 끝내는데는 3년이 걸리지만 100억 원의 매출이 3년 후에 한꺼번에 발생하는 것이 아니라, 3년간에 걸쳐서 발생한다고 보는 것이 합리적이다. 따라서 계약금액 100억 원의 매출수익을 매년 작업진행정도에 비례해서 나누어 인식하는데 이런 수익인식방법을 **진행기준**이라고 한다. 이 경우 계약금액에 매년 작업진행률을 곱해서 계산한 매출을 진행매출이라고 한다.

앞의 사례에서 만약 첫 해 15억 원의 원가가 발생했는데, 앞으로 60억 원의 원가가 추가로 들어갈 것으로 추정된다면 총예상원가는 75억 원인 셈이다. 결국 당기말 현재 진행률은 20%(= 15억 원 ÷ 75억 원)이고, 이에 따라 계약금액 100억 원의 20%인 20억 원을 매출로 잡는다.

여기서 작업진행률의 추정이 매우 주관적이라는 것이 문제점이다. 미래의 원가예상액을 정확히 맞추기도 어렵지만, 고의적으로 이를 낮추면 진행률이 높아지고 매출도 늘어나게 된다.

매출이 다른 업종처럼 제품공급과 서비스제공이라는 객관적 사실에 기초하지 않고 회사의 임의적이고 주관적인 추정에 따라 변동되는 위험이 생기는 셈이다. 따라서 이런 기업의 경우에는 반드시 발생주의로 계산된 손익계산서의 이익과 실제 영업을 통한 현금흐름의 차이가 얼마인지 체크해야 한다. 만약 차이금액이 비정상적일

정도로 크다면 당기의 성과표시를 위해 매출을 무리하게 미리 당겨 잡았을 가능성이 있기 때문이다.

● 진행기준에 따른 매출인식방법

누적진행률	20%	50%	60%	100%
누적매출	20억 원	50억 원	60억 원	100억 원
당기진행매출	20억 원	30억 원	10억 원	40억 원

계약자산과 계약부채의 의미는?

수주산업에 속하는 상장기업의 재무상태표에는 계약자산과 계약부채라는 항목이 있다. **계약자산**은 당기 진행매출액 중 받은 현금과 매출채권을 제외한 금액을 의미한다. 매출채권이란 상대방에게 대금청구를 했음에도 아직 못 받은 금액을 의미하는데, 계약자산은 진행매출액 중 아직 대금청구조차 안한 금액을 의미한다.

예를 들어, 앞의 사례의 경우 진행기준에 따른 당기 매출이 20억 원인데, 발주자에게 15억 원의 대금을 청구해서 8억 원을 받았다면 못 받은 7억 원은 매출채권이다. 하지만 매출을 20억 원으로 잡았기에 미청구분인 5억 원도 회사의 자산으로 봐야 하는데, 이를 계약자산이라고 한다. 받은 현금과 매출채권 및 계약자산의 합계는 모두 20억 원으로서 당기 진행매출액과 일치하게 된다.

계약자산은 그 금액이 이미 매출에 반영된 것으로서 향후 발주자에게 대금을 청구할 때 매출채권으로 전환될 자산이다. 만약 계약자산금액이 너무 많을 경우는 발주자에게 아직 청구하지 않은 매출금액이 많다는 뜻으로 진행매출액의 과대계상 가능성을 의심할 수밖에 없다.

계약부채는 이와 반대로 발주자에게 청구한 금액이 오히려 진행매출액을 초과하는 경우로서 초과청구액을 의미한다. 청구해서 못 받은 금액을 매출채권으로 잡았으나 받은 돈과 매출채권의 합계가 진행매출액보다 더 많은 모순이 생긴 셈이다.

즉, 계약부채는 아직 매출이 안 잡혔는데도 불구하고 미리 청구해서 매출채권이 과대계상된 것으로서 향후 작업이 진행됨에 따라 소멸한다.

앞의 사례에서 매출인식액은 20억 원인데, 만약 발주자에게 30억 원의 대금을 청구해서 12억 원을 받았다면 못 받은 18억 원이 매출채권이다. 하지만 매출은 20억 원밖에 되지 않으므로 초과청구된 10억 원을 계약부채로 나타내게 된다.

결국 받은 현금을 포함해서 자산은 모두 30억 원, 부채는 10억 원으로 당기 매출수익 20억 원과 일치하게 된다.

재무상태표

(단위 : 백만 원)

과목	당기말	전기말
Ⅰ. 유동자산	1,430,242	948,911
현금및현금성자산	102,217	118,298
매출채권	135,519	67,032
계약자산	**233,295**	**267,748**
Ⅰ. 유동부채	1,415,824	947,510
매입채무	229,426	224,282
미지급금	70,906	67,338
계약부채	**472,547**	**298,803**

▲ **계약자산** : 진행매출액 – (받은 돈 + 청구된 돈 중 미회수액(매출채권))
　　　　　　→ 매출액 중 못 받은 것이지만 발주자에게 청구하지 않은 매출채권금액
　계약부채 : (받은 돈 + 청구된 돈 중 미회수액(매출채권)) – 진행매출액
　　　　　　→ 매출이 발생하지 않았는데 발주자에게 과다청구한 매출채권금액

▲ 계약자산은 전기와 비슷하나 계약부채는 당기에 많이 증가했다. 이는 현장의 작업진행이 예정된 일정보다 늦어지는 것도 그 이유 중 하나일 수 있다.

사업보고서의 수주잔고는
미래 매출크기를 암시하는 중요한 정보다

　수주산업은 매출을 미리 따놓고 사업하는 특성이 있으며, 총계약금액 중 지금까지 잡은 매출금액을 제외한 나머지 금액은 향후 작업진행에 따라 진행매출에 잡힐 금액인데, 이를 수주잔고라고 한다.

즉, 계약은 땄지만 아직 작업진도가 안나가서 진행매출을 못 잡은 금액을 의미한다. 수주산업에 해당하는 기업은 사업보고서를 통해 수주잔고를 공시하므로 이 금액을 보면 향후 매출이 어느 정도일지 가늠해볼 수 있다.

수주잔고가 계속 증가한다면 매출에 청신호라고 볼 수 있지만, 수주잔고가 계속 감소한다면 새로운 계약이 들어오지 않는 이상 매출증가는 힘들다고 봐야 한다.

● 수주현황(사업보고서)

(단위 : 백만 원)

공사명	발주처	계약일	공사 기한	기본 도급액	완성 공사액	계약 잔액
				4,655,804	2,501,282	2,154,522
				109,462	92,560	16,902
				47,307	29,889	17,418
				2,775,227	122,248	2,652,979
합계				7,587,800	2,745,979	4,841,821

▲ 당기말 수주총액 7.5조 원 중 진행매출로 이미 인식한 매출 2.7조 원을 제외하면 앞으로 공사 기한에 기재된 날까지 4.8조 원의 매출이 추가로 발생한다는 의미다.

4 덩치값을 못하는 회사는 일단 멀리해라

사업자본에 비해 매출이 적을 때 일어나는 일

기업의 매출은 자산규모에 비례해서 나와야 한다. 총자산이 1,000억원인 기업의 매출이 500억원에 불과하다면 누가 보더라도 덩치값을 못하는 것이다. 기업의 자산은 곧 총자본(부채 + 자본)을 의미하므로 자산이 많다는 것은 그만큼 사용하는 자본(돈)이 많다는 것을 의미한다. 그런데 투자자의 자본을 사용하는데는 반드시 원가가 발생하므로 자본비용 이상의 영업이익이 나와야 이를 통해 차입금이자와 주주가 기대하는 순이익을 보상해줄 수 있다.

그런데 영업이익은 매출에서 비롯되므로 충분한 영업이익을 위해서는 일단 매출이 충분히 나와야 한다. 매출은 사업의 1차적인 성과로서 얼마나 나와야 바람직한지는 기업에 투입된 자본의 규모에 달려 있다. 즉, 자본이 많을수록 매출과 영업이익이 비례해서 많이 나와야 한다.

매출의 절대규모가 작더라도 매출액영업이익률이 높다면 상관 없다. 하지만 매출액영업이익률이 낮을 경우에는 투입자본 대비 매출의 비율이 높아야 하는데, 이를 **총자본회전율**(= 매출 ÷ 총자본) 또는 **총자산회전율**이라고 한다. 총자본회전율은 업종마다 다른데, 제조업처럼 자본투자가 많은 자본집약적 사업은 대체로 총자본회 전율이 낮은 수준이다. 예를 들어 총자산이 100억 원인 기업의 매 출이 120억 원이라면 총자본회전율은 1.2로 투입된 돈의 1.2배만 큼 매출이 발생한다는 뜻이다.

이 비율이 높을수록 사업에 투자된 돈이 열심히 일을 한다는 뜻 이고 사업자산이 놀지 않고 있다는 의미다. 다만, 일을 한다고 다 성 과가 나는 것은 아니며 이는 오로지 일을 열심히 하는지만 나타낼 뿐, 성과는 다음 단계에서 이익으로 평가해야 한다.

만약 이 기업의 다음연도 총자산이 110억 원으로 지금보다 10% 증가한다면 매출도 10% 증가한 132억 원이 돼야 한다. 그래야 총 자본회전율이 지금과 같아지기 때문이다. 정상적인 기업이라면 매 년 발생한 순이익만큼 자기자본과 총자본이 증가하게 되므로 총자 본회전율을 유지하기 위해서는 매출도 같이 증가해야 한다. 이것이 매출이 우상향해야 하는 이유다.

만약 총자본증가율보다 매출증가율이 더 낮다면 총자본회전율이 하락하는 셈인데, 이는 회사자산이 덩치값을 못하는 것으로서 사업에 들어간 돈이 열심히 일을 하지 않은 결과이거나 자산 중에 노는 자산이 있다는 것이다.

이런 상황이 지속되면 매출액영업이익률이 크게 개선되지 않는 한, 총자본영업이익률은 하락하고 결국 늘어난 자본비용을 충당하지 못해 점점 부실화될 수밖에 없다.

● 총자본영업이익률 = 총자본회전율 × 매출액영업이익률

$$\underset{\text{총자본}}{\text{영업이익}} = \underset{\substack{\text{총자본} \\ \text{많이 팔았나?}}}{\text{매출액}} \times \underset{\substack{\text{매출액} \\ \text{많이 남았나?}}}{\text{영업이익}}$$

항목	현재	상황 1	상황 2
총자본회전율	1.2회	0.5회	1.5회
매출액영업이익률	5%	12%	4%
총자본영업이익률	6%	6%	6%

▲ 총자본영업이익률이 유지되기 위해서는 상황 1의 경우처럼 총자본회전율이 하락했을 때는 매출액영업이익률이 상승해야 하며, 상황 2의 경우처럼 매출액영업이익률이 하락했을 때는 총자본회전율이 상승해야 한다.

 **주식투자를 위한 꿀팁!**

주식도 효과적인 인플레이션 방어수단이다

장기투자의 가장 큰 리스크는 인플레이션, 즉 화폐가치 하락위험이다. 시간이 갈수록 물가는 오르기 때문에 돈의 힘은 떨어진다. 그래서 많은 사람들이 부동산에 투자하는 것이다. 부동산은 실물자산으로서 돈의 가치가 떨어질수록 가격이 오르기 때문에 인플레이션 위험을 방어해 준다. 엄밀히 말하면 부동산의 가치가 오르는게 아니라 돈의 가치가 떨어지는 것이다.

부동산은 없어지지 않는 영원한 자산이지만 이와 달리 기업에 대한 투자, 즉 주식은 해당기업이 계속 존속한다는 보장이 없다. 그러나 재무상태가 굳건하고 시장지배력과 기술력을 갖춘 글로벌기업이라면 얘기가 다르다.

기업의 매출실적 및 이익성과와 재무상태는 모두 숫자로 표시된다. 기나긴 세월 동안 끊임없이 진행되는 인플레이션은 제품가격의 인상을 가져오고 이는 매출증가로 이어진다.

우리나라 대표기업인 삼성전자의 1999년도 매출액은 26조원였지만 현재(2022년 연결기준)의 매출액은 10배 이상 늘어난 300조원이다. 회사의 매출은 판매량에 판매가격을 곱한 것이므로 매출증가가 반드시 인플레이션에 따른 가격인상에 의해서만 이루어지는 것은 아니다. 새로운 시장의 확대나 신제품 출시 등 판매량 증가에 따라 매출이 늘기도 한다.

그러나 장기간을 놓고 보면 제품가격은 인상될 수밖에 없다. 왜냐하면 매출을 달성하기 위한 여러가지 생산비용(원재료비와 인건비 등)이 지속적으로 상승하기 때문이다. 물론 인플레이션을 잡기 위한 중앙은행의 금리인상이나 정부의 대출규제 등 시장안정화 조치 등이 취해지고, 비용이나 원가상승이 제품가격에 반영되는데 시간이 걸리기 때문에 단기적으로 인플레이션은 주가에 부정적인 영향을 미칠 수 있다.

하지만 장기적으로는 전반적인 화폐가치 하락에 따라 기업의 매출과 비용 규모는 증가하게 되고, 이는 필연적으로 1주당 이익과 순자산가치의 증가를 가져오고 결국 주가상승으로 귀결된다.

삼성전자의 1999년도 주당이익과 순자산가치는 각각 400원과 13.3조원이었다. 그러나 현재(2022년 연결기준)는 각각 8,000원과 354조원으로 늘어났다. 1999년도에 불과 5,000원이었던 삼성전자의 주가가 현재 7~8만 원으로 10배 이상 상승한 것은 이런 이유 때문이다.

이론상 주가(1주당 기업가치)는 기업이 미래 벌어들일 주당이익 또는 주당영업현금흐름을 자기자본비용(주주의 기대수익률)으로 할인한 것이다. 따라서 분자의 주당이익 또는 주당영업현금흐름이 많아지거나 분모의 자기자본비용이 낮아지면 주가는 그만큼 상승하게 된다. 만약 10년 후 화폐가치 하락에 따라 주당이익이 지금보다 3배로 늘어난다면 주가도 3배 이상 상승하게 될 것이다. 성급한 단기투자보다 여유있는 장기투자를 권하는 것도 이런 맥락에서 이해하면 된다. 다만, 기나긴 세월 동안 쉬임없이 오르내리는 주가의 변동성을 견뎌내고, 업황부진시 떨어지는 주가를 바라보고도 인내할 수 있을 만큼 투자한 기업을 신뢰할 수 있어야 한다.

결국 장기간에 걸쳐 진행되는 인플레이션의 영향은 매출과 이익증가로 이어져 그대로 기업의 자산가치와 수익가치에 반영되고, 이는 주가에도 그대로 반영된다. 따라서 장기간 흔들리지 않고 투자할 수 있는 우량기업이라면 주식에 투자하는 것도 부동산투자 못지 않게 미래 발생할 인플레이션 위험을 방어하는데 효과적인 수단이 된다.

게다가 부동산과 달리 주식은 높은 환금성과 분할처분이 가능하므로 젊을 때 꾸준히 모은 주식을 은퇴 이후 필요할 때마다 조금씩 처분해서 사용할 수 있는 것도 장점이다. 또한 부동산처럼 한꺼번에 통으로 처분하는 것이 아니라 나누어 소량씩 처분하는 것이므로 소득세와 건강보험료부담이 없다는 것도 장점이다.

CHAPTER

손익계산서의
비용으로 핵심비용이
무엇인지 본다

매입원가와 매출원가는 완전히 다르다

재고자산평가금액에 따라 비용이 달라진다

기업이 매출 등 수익금액을 달성하기 위해서는 다양한 비용이 투입돼야 한다. 손익계산서 비용 중 가장 큰 비중을 차지하는 것이 매출원가다. 상품을 판매하는 도·소매업은 상품의 매입원가, 제품을 판매하는 제조업은 제품의 제조원가, 건설업에서는 공사원가가 각각 발생한다. 하지만 이것들은 당기에 발생한 원가총액으로 매출원가와는 다르다.

매출원가란 1년간 매입하거나 생산한 전체 원가 중 매출된 부분의 원가만을 의미하는 것이므로 기말 현재 판매되지 않은 재고자산의 원가는 제외된다. 즉, 기말재고자산은 현금유출 등 원가는 발생했지만 아직 판매되지 않고 창고나 매장에 가지고 있는 자산이라 해당 원가는 비용이 아닌 자산으로 표시된다.

따라서 당기 손익계산서의 매출원가는 전체 매입원가나 제조원가에서 기말재고자산을 차감한 금액을 나타낸다. 기말재고자산에 들어간 돈을 비용으로 보지 않는 것은 아직 비용발생이 일어나지 않았기 때문이다. 재고자산은 판매가 돼야만 매출과 함께 관련 비용이 발생하는 것이므로 아직 판매되지 않고 보유중인 재고자산의 원가는 비용이 아닌 셈이다.

결국 재고자산을 얼마로 보느냐에 따라, 즉 재고자산 평가결과에 따라 매출원가가 달라지고 손익도 달라진다. 기말재고를 실제보다 부풀리면 매출원가가 적어져 이익은 늘어나고, 반대로 기말재고를 실제보다 축소하면 매출원가가 많아져 이익은 줄어든다.

따라서 재고자산을 평가하여 이를 재무제표에 나타낼 때는 기업이 보유하고 있는 정확한 재고수량에 정확한 매입단가(생산단가)를 적용해야 하며, 특히 회수가치가 없는 부실재고자산을 재고자산금액에서 과감하게 도려내는 것이 필요하다.

2 원가와 비용의 차이를 알아야 한다

매입(제조)원가와 취득원가를 매년 녹여 없앤 것이 비용이다

　기업이 보유하는 여러 가지 자산 중에 원가성자산이라는 것이 있다. 원가성자산이란 재고자산과 유형자산처럼 처음 취득을 위해 원가가 지출되고 난 이후, 그 원가를 해마다 비용으로 분배해서 점차 소멸시키는 자산을 말한다. 이 때 처음 취득을 위해 지출된 원가가 재고자산의 경우 매입원가(제조원가), 유형자산의 경우 취득원가다.

　그런데 원가가 지출됐다고 해서 바로 비용이 되는 것은 아니다. 왜냐하면 비용은 수익창출을 위해 발생하는 것인데, 아직 판매하거나 사용한 것이 아니기 때문이다. 상품이나 제품의 원가는 판매하는 시점에 비용이 발생하며, 재고자산 중 원재료나 유형자산의 원가는 사용하는 시점에 비용이 발생하는 것이다.

따라서 재고자산원가는 자산으로 두었다가 매년 판매한 부분만 비용(매출원가)으로 보내고, 유형자산원가는 매년 사용한 부분만 비용(감가상각비)으로 보내게 된다.

즉 비용의 뿌리는 원가인데, 원가 중 지금까지 비용으로 처리되고 남은 부분이 자산(재고자산과 유형자산 장부가액)인 셈이다. 다시 말해 원가라는 지출덩어리는 해마다 수익창출에 기여한 만큼만 비용으로 녹이고, 녹지 않고 남은 금액은 재무상태표에 자산으로 남게 되는데, 남은 자산원가도 결국 미래에는 판매하거나 사용하면서 매출원가와 감가상각비로 녹아 없어지게 된다.

● **원가·비용·자산의 차이**

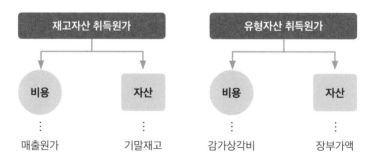

3 매입(제조)원가를 낮춰야 산다

매출원가율의 연도별 추이를 살펴라!

매출원가의 비중은 업종마다 차이가 있지만 제조업의 경우 일반적으로 매출의 80~85% 내외다. 심지어 건설업의 경우는 비용의 대부분이 건설현장에서 발생하므로 매출의 90% 이상이 매출원가다. 결국 매출수익의 대부분이 매출원가라는 비용으로 다시 빠져나가는 셈이다.

매출원가가 90%라면 매출액의 10%만 남는다는 뜻인데, 매출을 위해서는 매출원가 같은 직접비 외에 여러가지 간접비(판매비와관리비)도 발생하기 때문에 이런 간접비를 마저 차감하면 영업이익은 훨씬 더 줄어들게 된다.

따라서 매출원가는 최종적인 기업이익을 좌우하는 매우 중요한 변수다. 매출원가율이 너무 높으면 도저히 영업이익을 낼 수 없기 때문이다.

기업이익을 극대화하려면 수익을 늘리는 것이 중요하지만, 아무리 수익이 늘어나도 비용으로 다시 새나간다면 헛일이다. 원가절감은 곧 비용절감으로 연결되므로 원가절감은 이익개선을 위해서 매우 중요하고 필수적이다.

매출원가도 그 산출구조는 매출액과 동일하다. 매출수량에 매입(제조)단가를 곱한 것인데, 중요한 요소는 매입(제조)단가다. 상품의 매입단가는 거래처로부터 매입한 금액이고, 제품의 제조단가는 재료비, 노무비(인건비), 경비 등으로 구성된다.

이들 원가 중 어떤 원가의 비중이 가장 높으며, 해당 원가가 앞으로 어떻게 변화할지 내다보면 미래 손익을 추정할 수 있다. 원재료비의 비중이 높은 기업은 원재료비 단가가 상승하면 곧바로 매출원가 상승으로 이어져 이익이 줄어들 것이 뻔하다.

특히 우리나라 기업들은 원재료의 해외의존도가 높아서 국제 원자재가격 시세나 환율 및 유가의 방향성 등 해외요인의 영향을 많이 받는다. 만약 세 가지 요인이 모두 상승하면 매출원가는 급증하고 이익성과와 수익성은 나빠질 수밖에 없다.

손익계산서에 보이는 매출원가를 매출액으로 나누면 매출원가율이 나오는데, 이 비율의 정도와 최근 추세를 보면 해당 기업의 손익흐름과 강·약점을 읽을 수 있다. 만약 매출원가율이 너무 높다면 영업이익을 내기 어렵다고 봐야 한다.

일반적으로 매출이 증가하면 매출원가율이 하락해서 수익성이 좋아진다. 그 이유는 매출원가에 포함된 감가상각비 등 고정비 때문인데, 공장가동률이 100%가 아니라면 고정비는 생산이 증가해도 추가로 발생하지 않기 때문이다.

예를 들어, 제품 1만개를 생산할 때 생산시설에 대한 감가상각비가 12억 원이라면, 제품 단위당 감가상각비는 12만 원이다. 그러나 여유생산능력이 있어서 제품 2만개를 생산한다면 제품 단위당 감가상각비는 6만 원으로 떨어진다. 증산을 할수록 단위당 원가부담이 낮아지는 셈인데, 증산은 매출증가를 예상하고 실시하는 것이므로 실제로 매출이 증가할 경우 생산단가가 낮아져 이익이 개선되는 효과가 발생한다.

반대로 매출이 감소해서 생산량을 줄이면 고정비로 인해 생산단가가 올라가 수익성은 더 악화된다. 고정비기 위험한 이유와 매출이 우상향해야만 하는 이유를 여기에서 또 확인할 수 있다.

만약 매출감소가 굳어진 추세라면 고정비 자체를 줄일 수밖에 없는데, 감가상각비를 줄이기 위해 생산설비를 없애기는 쉽지 않으므로 인건비를 줄이기 위한 고용조정을 가장 먼저 실시하게 된다.

매출액에서 매출원가를 뺀 것이 매출총이익인데, 매출원가율이 90%라면 매출총이익률은 단 10%에 불과하다. 이런 경우 간접비인 판매비와관리비가 매출액의 10% 이상 발생하면 회사는 영업적자에 처하게 된다.

따라서 매출의 1차 성과인 매출총이익이 충분해야 여유있는 간접비 지출도 가능하며 충분한 영업이익도 가능하다.

● **매출원가율의 추이를 주목하라!**

(단위 : 억 원)

항목	10기	9기	8기
① 매출액	70	90	100
② 매출원가	63	75	80
③ 매출총이익	7	15	20
매출원가율(= ② ÷ ①)	90%	83%	80%
매출총이익률(= ③ ÷ ①)	10%	17%	20%

▲ 매출감소에 따라 매년 매출원가율이 상승하고 있어 수익성 악화가 우려된다. 원가율 상승의 직접적인 원인은 매출감소로 인한 고정비 부담 때문이다.

4 간접비(판매비와관리비)를 가볍게 보면 안된다

판매비와관리비의 유형과 의미

매출원가는 매출을 위해 발생한 직접원가로서 가장 핵심적인 사업비용이다. 하지만 매출원가 이외에도 간접적인 사업비용이 발생하는데 이를 판매비와관리비라고 하며 이 둘을 합쳐 영업비용이라고 한다.

매출원가와 달리 판매비와관리비는 대부분 고정비적인 성격으로서 매출이 감소해도 줄이기 어려운 위험한 비용이다. 상장기업의 경우 판매비와관리비의 과목별 상세한 내용은 주석에 표시하는데, 전년도와 비교해 보고 특별히 증가한 과목이 무엇인지 체크해야 한다. 판매비와관리비에 속하는 과목에는 다음과 같은 것들이 있다.

❶ 급여

생산현장이 아닌 판매(매장) 및 관리부서(본사나 영업점)에서 근무하는 임직원에 대한 급여지급액을 의미한다. 생산현장에서 근무하는 근로자의 인건비는 제조원가(노무비)로서 매출원가에 포함된다.

❷ 퇴직급여

위의 급여지급대상인 임직원에 대한 퇴직연금부담금(DC형) 또는 퇴직급여충당부채(DB형)보충액을 의미한다. 전자는 매년 회사가 임직원의 퇴직연금계좌에 넣어준 부담금이며, 후자는 미래 지급할 퇴직금부채를 당기에 비용으로 미리 반영한 것이다.

 잠깐!   **DB형 퇴직연금과 DC형 퇴직연금, 무엇이 다른가?**

퇴직연금은 근로자의 퇴직금수급권을 보장하기 위한 사외적립제도다. DB(확정급여)형이란 회사가 외부의 금융회사에 매년 일정액을 납입해서 운용하고, 임직원이 퇴사할 경우 적립자산에서 퇴직금을 지급하는 방식이다. 근로자의 입장에서는 운용에 따른 부담이 전혀 없이 미리 정해진 지급기준대로 퇴직금을 받을 수 있으므로 확정급여형이라고 한다.

반면에 DC(확정기여)형은 근로자가 개설한 퇴직연금계좌에 회사가 매년 퇴직금을 지급해서 근로자 책임하에 퇴직금을 운용하는 방식이다. 매년 지급하는 기여금(연봉의 1/12)만 확정일 뿐, 미래 퇴직시 받게 될 퇴직급여는 운용성과에 따라 달라지므로 확정기여형이라고 한다. 또한 매년 퇴직금을 연금계좌에 입금시키므로 따로 재무상태표에 퇴직급여부채를 나타낼 필요가 없다.

❸ 복리후생비

임직원들의 복지를 위해 지출한 금액으로서 비용성격상 급여 및 퇴직급여와 함께 인건비에 포함된다.

❹ 여비교통비

임직원이 업무와 관련하여 국내·외로 출장을 가는 경우 사용한 경비다.

❺ 업무추진비

사업과 관련하여, 특히 영업을 위해 접대, 교제, 사례 등의 명목으로 거래처에 지출한 금액이다.

❻ 광고선전비

상품이나 제품의 광고선전이나 회사홍보를 위해 지출한 비용이다.

❼ 연구개발비

신기술이나 신제품의 개발을 목석으로 발생하는 연구비와 개발비 중 일상적인 지출을 말한다.

❽ 판매수수료

제품을 위탁판매하거나 중개인 또는 대리점 등을 통해 판매하는 경우 판매알선의 대가로 지급한 금액이다.

❾ 대손상각비

받을 채권에 대해 회수가 불확실하다고 추정한 대손충당금의 당기보충액 및 채권을 확정대손처리할 때 대손충당금잔액이 부족할 경우 비용으로 처리한 금액을 말한다.

❿ 세금과공과

국가·지방자치단체에 납부하는 각종 세금 및 상공회의소회비나 조합·협회비, 국민연금보험료의 법인부담금 등 각종 부담금을 말한다. 단, 법인세와 법인세분지방소득세는 법인세비용에 포함되므로 여기에는 포함되지 않는다.

⓫ 임차료

건물 등 유형자산을 임차한 경우 지급하는 임차료 등을 말한다.

⓬ 감가상각비

유형자산의 취득원가금액을 내용연수기간에 걸쳐 당기에 비용으로 처리한 금액을 말한다. 생산(건설)현장에서 사용하는 기계나 장비의 감가상각비는 제조(건설)원가에 포함되어 매출원가로 비용처리된다.

⓭ 보험료

재난에 대한 위험보장을 위해서 사업용자산(차량, 건물, 재고자산 등)

에 대해 보험에 가입하고 지출한 보험료를 말한다.

　판매비와관리비는 매출액과 직접적인 관련성은 없지만, 영업을 위해 사용된 비용이므로 영업이익을 계산할 때 차감하게 된다. 이 경우 매출을 발생기준으로 인식했기 때문에 판매비와관리비도 발생기준(예를 들면 법인카드 사용액 중 기말 현재 미결제된 금액도 비용은 발생한 것이므로 당기비용에 포함한다)으로 인식한다. 매출원가도 중요하지만 판매비와관리비를 무시하면 안된다. 매출원가율이 낮아서 매출총이익이 많은 기업일지라도 판매비와관리비가 많이 발생하면 매출총이익이 훼손되고 영업이익이 줄어들 수밖에 없다.

　특히 판매비와관리비는 고정비가 대부분이므로 불황기, 즉 매출 감소시에는 영업이익에 치명적인 타격을 준다. 판매비와관리비도 연도별 추이를 통해 특이점을 찾고, 판매비와관리비 중 비중이 높은 항목이 무엇인지 알면 기업을 이해하는데 큰 도움이 된다.

(주석) 29. 판매비와관리비 내역

(단위 : 천 원)

항목	당기	전기
급여	9,109,488	9,253,759
퇴직급여	1,903,024	1,214,951
복리후생비	1,133,691	1,662,443
여비교통비	201,985	110,813
통신비	41,627	48,549

세금과공과	1,248,136	142,423
감가상각비	425,566	335,749
사용권자산상각비	15,976	38,087
수선비	54,638	82,284
보험료	79,758	74,317
무형자산상각비	882,812	1,113,441
업무추진비	161,051	139,972
사무용품비	35,721	51,663
소모품비	20,581	35,259
소모공구비	49,605	105,177
수출제비	**18,549,091**	**12,063,014**
지급수수료	12,750,814	11,462,021
도서인쇄비	18,180	8,996
광고선전비	92,470	184,710
운반비	4,761,056	4,778,948
교육훈련비	380,005	303,309
포장비	3,578,649	4,382,408
판매보증비	6,047,590	8,697,104
지급임차료	140,960	101,082
기타판관비	55,632	39,287
합계	**61,738,107**	**56,429,768**

▲ 수출제비 증가액을 제외한 판매비와관리비 총액(432억 원)은 전년도(443억 원)와 비슷한 수준인데, 수출매출 증가에 따라 수출제비가 65억 원 증가했다. 수출제비란 제품 수출시 발생하는 포장비, 운송비, 항만보관비용, 선적비용, 해상운임, 해상보험료, 검사비, 통관비용 등 일체의 비용을 말한다.

5. 금융손익을 보면 부자회사와 가난한 회사를 구분할 수 있다

금융비용 및 기타비용의 유형과 의미

매출액에서 매출원가와 판매비와관리비를 모두 차감하면 영업이익이 계산된다. 영업이익은 사업성과로서 기업의 존립기반이다. 만약 영업이익이 수년간 계속 나오지 않는다면 사업을 더 이상 지속하기 어려우며 기업의 존속능력에도 의문이 생긴다.

그런데 기업의 총성과에는 영업성과 외에 영업과 무관한 성과, 즉 투자성과와 재무활동에 따른 성과가 있다. 이를 금융손익 및 기타손익이라고 하는데 금융수익 및 기타수익에서 금융비용 및 기타비용을 차감한 것이다.

금융수익 및 기타수익은 일종의 투자활동에 따른 투자수익이고,

금융비용 및 기타비용은 투자손실 및 재무활동에 따른 비용(이자비용)이라고 보면 된다. 금융비용 및 기타비용의 상세한 내용은 주석에 표시되는데, 각 과목의 의미를 알아두자.

❶ 이자비용

은행으로부터 빌린 차입금이나 회사가 발행한 사채의 이자지급액을 말한다.

❷ 금융자산평가손실

단기매매하는 상장주식 및 회사가 당기손익에 반영하기로 미리 정한 경우(해당 금융자산을 당기손익-공정가치측정 금융자산으로 분류하고 매년 평가손익을 당기손익에 반영함) 해당 금융자산의 결산일 현재 공정가치가 장부가액보다 낮은 경우 그 차액을 말한다.

❸ 금융자산처분손실

보유하던 금융자산을 장부가액보다 싸게 처분한 경우 장부가액과 처분가액의 차이를 말한다.

❹ 외화환산손실

외화자산·부채를 보유하고 있는 경우 장부상 금액과 결산일 현재의 환율로 환산한 금액과의 차이에 의해 발생하는 손실을 말한다.

❺ 외환차손

외화자산을 회수하거나 외화부채를 상환하는 경우 장부상 금액과 실제 회수일 또는 상환일의 환율로 계산된 금액과의 차이에 의해 발생하는 손실을 말한다.

❻ 기타 대손상각비

매출채권 이외의 채권(대여금이나 미수금 등)에 대해 당기에 추가로 반영한 대손상각비를 의미한다.

❼ 기부금

영업활동과 관련없이 일반적으로 공익을 목적으로 정부나 각종 기부금단체에 무상으로 제공된 금품의 가액을 말한다.

❽ 유형자산처분손실

유형자산을 매각한 경우 장부가액(취득원가에서 감가상각누계액을 뺀 것)보다 싸게 팔아서 생긴 손실이다.

(주석) 31. 금융비용
당기와 전기 중 금융원가 내역은 다음과 같습니다.

(단위 : 백만 원)

과목	당기	전기
이자비용	2,942,808	1,145,585

▲ 연간 이자비용은 29억 원으로 영업이익규모(80억 원)에 비하면 적은 금액인데, 금리 인상으로 전년보다 2배 이상 증가했다.

당기와 전기 중 기타비용 내역은 다음과 같습니다.

(단위 : 백만 원)

과목	당기	전기
외환차손	3,605,575	-
기부금	39,400	52,390
유형자산처분손실	1	2,028
관계기업투자처분손실	3,406,934	-
잡손실	176,440	18,453
합계	7,228,350	72,871

▲ 기타비용(72억 원)의 대부분은 관계기업지분 매각과정에서 발생한 손실(34억 원)과 외환차
손(36억 원)이다.

이자비용의 감당 능력을 체크하라!

　영업외비용 중에서 투자자가 가장 주목해야 할 과목은 이자비용
이다. 특히 차입금이 많은 기업은 애써 달성한 영업이익의 상당 부분
이 이자비용으로 빠져나가기 때문에 그만큼 주주이익은 침해된다.

　뿐만 아니라 원리금상환을 위해 영업현금흐름이 유출되면 주주
배당금의 재원도 사라지게 된다. 나아가 영업이익이 너무 적을 경
우에는 영업이익으로 이자도 못내는 상황에 놓일 수도 있다.

　차입금도 사업에 필요한 돈을 공급받는다는 점에서는 필요하지
만, 능력범위를 벗어나는 과도한 차입은 문제가 된다. 즉, 이자비용

과 영업이익의 균형이 필요한데, 일반적으로는 적어도 영업이익이 이자비용의 1.5~2배는 넘어야 안전하다고 본다. 상장기업은 대부분 이 기준을 충족하지만, 비상장기업은 그렇지 못한 기업이 많다.

특히 영업이익이 이자비용에도 못 미치는 기업을 **한계기업**이라고 하는데, 이는 돈을 빌려준 은행조차도 빌려준 돈의 원가(이자)를 회수하지 못한다는 뜻이므로 주주이익은 기대조차 할 수 없는 부실기업에 해당한다.

● 관련 재무지표

$$이자보상비율 = 영업이익 \div 이자비용$$

▲ 영업이익으로 이자비용을 지급할 수 있는지 보여 준다. 최소한 1.5~2배 이상은 돼야 하며, 3년 연속 1배 미만이면 한계기업으로 본다. 이 비율이 낮을수록 영업이익이 훼손돼 충분한 주주이익을 달성하기 어렵다.

일회성 손익은 패싱하고 봐야 한다

금융 및 기타손익은 매출원가나 판매비와관리비와 달리 해마다 일정하게 발생하지 않는다. 매년 불규칙적인데다 때로는 유형자산처분손익처럼 1회성인 경우도 있다. 회사가 차입금을 갚기 위해 보유중인 토지를 매각하고 거액의 유형자산처분이익을 표시했다면 영업이익에는 영향이 없지만 당기순이익은 크게 증가했을 것이다.

그러나 내년에도 이런 이익이 계속 나오는 것은 아니며 올해의 당기순이익은 앞으로 지속가능한 이익이 아니다. 처분손실이 나온 경우도 마찬가지다. 자산매각으로 거액의 손실이 발생했다고 해서 매년 동일한 손실이 반복되는 것은 아니다. 금융자산의 평가나 처분에 따른 손익과 환율변동에 따른 손익도 마찬가지로 매년 일정하지 않다.

따라서 영업외손익 중 1회성 손익은 거르고 봐야 하며, 이런 이유 때문에 기업의 지속가능성을 평가하거나 수익성으로 기업가치를 평가할 때는 이런 손익이 제외된 영업이익을 주로 사용한다.

📊 주식투자를 위한 꿀팁!

핵심영업비용을 찾아라!
그 크기와 추이가 미래 이익을 좌우한다

기업의 이익구조를 <수익 – 비용 = 이익>으로 보면 매우 단순하다. 이익성과를 결정하는 2가지 변수 중 비용은 무조건 줄이고 또 줄여야 한다. 상당수의 기업들이 매출이 양호함에도 불구하고 이익성과가 나오지 않는 것은 주로 비용 때문이다.

해당 기업의 비용구조를 보면 사업의 채산성은 물론, 미래 이익도 내다볼 수 있다. 대체로 2~3가지 항목이 영업비용의 7~80%를 차지하므로 이런 핵심영업비용이 무엇인지 파악해야 한다.

이는 주석에 표시된 "비용의 성격별 분류"를 보면 확인할 수 있다. 기업의 매출원가와 판매비와관리비를 합친 모든 영업비용을 원재료비, 인건비, 감가상각비 등 성격별로 구분한 것으로 투자자에게는 매우 유용한 정보다.

핵심영업비용은 사업내용(업종)마다 다른데, 제조업의 경우 영업비용의 절반

이상을 원재료비·감가상각비·인건비가 차지하며, 그 중에서도 원재료비의 비중이 가장 높다. 건설업의 경우에는 외주가공비의 비중이, 서비스업은 인건비의 비중이 가장 높다.

먼저 해당기업의 주된 핵심영업비용이 무엇인지 파악한 후, 전년도와 비교하여 어떤 변화가 있는지 확인한다. 원재료비와 인건비 등이 어떻게 변동했는지 보면 해당 비용이 이익성과에 미친 영향을 알 수 있다. 만약 매출이 그대로이거나 감소했는데도 해당 비용이 증가했다면 비용관리와 통제에 문제가 있었음을 암시한다. 이런 경우 증가한 이유(원재료 매입단가 인상, 유가상승, 환율상승, 공급량감소 등)가 무엇인지, 또 향후 어떤 추세를 보일지 예상하면 이익성과도 예측해 볼 수 있다.

비용을 보는 또 하나의 관점은 고정비규모다. 인건비와 감가상각비처럼 매출과 상관없이 일정하게 발생하는 비용을 고정비라고 하고, 원재료비처럼 매출에 따라 변동하는 비용을 변동비라고 한다. 매입단가 인상만 없다면 변동비는 전혀 위험하지 않다. 매출이 감소하면 같이 줄어들기 때문이다.

그러나 고정비는 매출이 감소해도 줄이기 어렵기 때문에 매우 위험한 비용이다. 따라서 고정비가 많은 사업은 매출 등락에 따라 영업이익의 변동성이 클 수밖에 없는데 이익의 변동성, 그 자체가 사업위험이므로 이를 "고정비 리스크"라고 한다.

즉, 고정비규모가 큰 경우 경기가 좋아서 매출이 증가하면 영업이익이 확 늘지만, 경기가 나빠서 매출이 감소하면 영업이익이 확 줄게 된다. 두 경우 모두 고정비가 매출과 상관없이 일정하게 발생하기 때문이다. 수로 유형자산 중 시설투자가 많아 감가상각비의 비중이 높은 기업이나 인건비의 비중이 높은 기업이 이에 해당한다.

(주석) 28. 비용의 성격별 분류

(단위 : 천 원)

항목	당기	전기
원재료매입액	429,175	403,032
재고자산의 변동	5,740	1,443
종업원급여	56,853	52,607
감가상각비 및 무형자산상각비	18,642	23,452
사용권자산상각비	772	866
복리후생비	8,534	8,148
지급수수료	40,677	37,622
세금과공과	2,283	1,387
임차료	163	120
수출제비 및 포장비	22,695	14,652
기타비용	26,239	26,032
영업비용의 합계*	611,773	569,361

* 손익계산서상의 매출원가와 판매비와관리비를 합한 금액입니다.

▲ 총영업비용 6,117억 원 중 원재료비가 4,348억 원(= 매입액 4,291억 원 + 전기말 재고사용분 57억 원)으로 71%를 차지한다. 따라서 회사의 이익성과는 향후 원재료 가격변동에 따라 달라질 가능성이 높다.

CHAPTER

7

손익계산서의
이익으로
사업성과를 본다

수익성은 상대적으로
평가해야 한다

주당이익과 매출수익성 및
자본수익성을 따져보라!

기업의 이익성과는 일종의 기초체력으로서 체력이 좋은 기업은 시간이 갈수록 근육을 키워가는 강한 기업이 된다. 그러나 체력이 떨어지는 기업, 즉 이익성과가 부진한 기업은 시간이 갈수록 빚이라는 지방덩어리 부채에 시달리면서 결국 기업회생이나 파산 등 부실정리단계에 들어서게 된다.

결국 기초체력이 어느 정도냐에 따라 기업운명이 바뀌는 것이므로 투자할때는 반드시 해당 기업의 수익성과 장기적인 이익창출력을 따져봐야 한다.

특히 주주의 입장에서는 이익성과가 매우 중요한데, 그러면 도대체 얼마나 성과를 내야 충분한지가 의문이다. 기업의 이익성과가 충분한가를 따지는 방법은 수익성을 평가해보는 것이다. 그런데 수익성이란 상대적인 것으로서 이익의 절대 금액으로 평가해서는 안 된다.

수익성을 상대적으로 평가하는 두 가지 요소는 매출과 자본인데, 전자를 **매출수익성**(= 순이익 ÷ 매출), 후자를 **자본수익성**(= 순이익 ÷ 총자본)이라고 한다. 매출수익성은 "얼마를 팔아서 얼마가 남았나?"를 의미하고, 자본수익성은 "얼마를 투자해서 얼마가 남았나?"를 의미한다.

예를 들어 K기업의 순이익이 작년 100억 원에서 올해 120억 원으로 늘었다면 이익성과는 늘었지만 이것만 가지고는 수익성이 좋아졌다고 단정할 수 없다. 알고 보니 작년 매출은 1,000억 원인데 올해 매출이 1,500억 원이었다면 매출수익성은 10%에서 8%로 오히려 더 나빠진 것이다. 또한 작년의 총자본이 2,000억 원이고 올해의 총자본은 1,000억 원이었다면 자본수익성은 5%에서 12%로 개선된 셈이다.

따라서 연도별 이익의 증감액도 중요하지만 매출과 자본이 같지 않은 이상, 금액의 증감만으로 수익성을 따져서는 안되며 매출과 자본을 기준으로 상대적인 수익성을 따져봐야 한다. 손익계산서의 가장 아래 부분에 표시되는 주당이익^{EPS}도 기업의 자본수익성을 보여주는 것이다. 당기순이익 총액이 같더라도 증자 등으로 나눠먹을 주식수가 많아지면 주당이익은 적어진다.

따라서 주주가 기업을 평가할 때는 당기순이익 총액보다 주당이익이 훨씬 더 중요하며 더불어 자기자본순이익률^{ROE}도 체크해야 한다.

● 관련 재무지표

매출액순이익률 = 당기순이익 ÷ 매출액

▲ 매출액의 몇 %가 최종 순이익으로 남았는지 보여준다. 순이익은 인건비, 이자, 세금 등 모든 비용을 차감한 것이므로 주주에게 돌아갈 이익이다.

총자본순이익률(ROA) = 당기순이익 ÷ 총자본

▲ 사업에 투자된 총자본에 대해 얼마나 순이익을 냈는지 보여준다.

자기자본순이익률(ROE) = 당기순이익 ÷ 자기자본

▲ 주주의 투자금에 대해 얼마나 이익을 냈는지 보여준다. 주주가 원하는 기대수익률이 10%라면 ROE가 그 이상 나와야 기업가치가 유지된다.

● 총자산(총자본)회전율에 따라 총자본순이익률(ROA)이 달라지고 부채비율(레버리지)에 따라 자기자본순이익률(ROE)이 달라진다

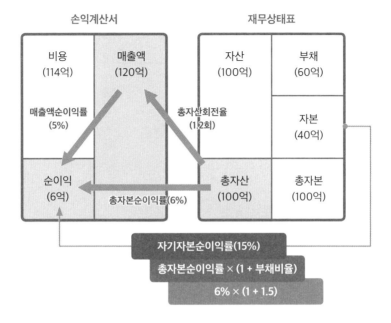

● 매출수익성보다 자본수익성이 더 중요하다

항목	A기업	B기업
① 순이익	5억 원	2억 원
② 매출액	100억 원	100억 원
③ 총자본	500억 원	50억 원
매출액순이익률(= ① ÷ ②)	5%	2%
총자본순이익률(= ① ÷ ③)	1%	4%

▲ 매출액 기준으로는 A기업이 5%의 수익성을 나타내, B기업의 2%보다 높지만, 투입된 자본을 기준으로 보면 B기업의 수익성이 4%로서 과다하게 자본이 들어간 A기업의 1%보다 높다. 이런 경우 자본제공자인 투자자의 입장에서는 B기업의 가치를 더 높게 평가한다.

② 많이 팔고 많이 남는 회사라면 아무 문제가 없다

사업의 기본원리는 의외로 단순하다. 최대한 많이 팔고, 많이 남기는 것이다. 많이 팔기 위해서는 열심히 매출해야 하고, 많이 남기기 위해서는 비용을 줄여야 하는데, 전자를 **영업**, 후자를 **관리**라고 한다. 사업은 이 두 개의 수레바퀴가 동시에 굴러가면서 앞으로 나아가는 것이다.

영업을 잘 해 매출이 늘어도 비용이 많이 나가면 소용없고, 그렇다고 비용은 줄였는데 매출이 더 많이 줄면 소용없기는 마찬가지다.

1년 동안 얼마나 많이 팔았으며 얼마나 비용을 쓰고 얼마나 남았는지는 손익계산서에 그대로 드러난다. 그런데 얼마나 팔아야 충분한지는 해당 기업에 투자된 돈의 크기, 즉 총자본에 달려있다. 총자본이 많을수록 더 많이 매출해야 하는데, 이를 확인할 수 있는 지표가 **총자본회전율**(= 매출 ÷ 총자본)이다.

총자본회전율이 높다는 것은 돈(자본)이 열심히 일을 해서 그만큼 매출성과를 잘 내고 있다는 뜻이며, 반대로 낮을 경우에는 투입된 자본에 비해 매출이 적거나, 매출성과에 비해 자본이 너무 과다하게 투입된 결과다.

그러나 총자본 대비 매출이 충분하다고 해도 매출보다는 이익성과가 더 중요하므로 **매출액순이익률**(= 당기순이익 ÷ 매출)도 높아야 한다. 만약 이게 낮다면 비용관리에 문제가 있음을 의미한다. 한마디로 많이 팔기는 했는데 남는게 없다는 뜻이다.

이 두 개의 지표를 뜯어보면 투자된 돈의 성과가 부진한 이유가 매출부진인지, 비용과다인지 찾아낼 수 있다.

앞에서 예를 든 K기업의 경우 올해 매출수익성은 악화됐지만 자본수익성은 오히려 좋아졌다. 그 이유는 자본이 줄었기 때문인데, 작년의 총자본회전율은 0.5회이고 매출액순이익률은 10%로서 총자본순이익률이 5%에 불과했다. 그러나 올해는 각각 1.5회와 8%로서 총자본순이익률이 12%로 높아졌다.

비록 매출수익성은 떨어졌지만 자본수익성은 더 좋아진 셈인데, 이는 기업자본의 효율적인 사용이 매우 중요함을 일깨워준다. 대부분의 기업부실은 자본사용의 부실로 인해 발생한다.

결국 우량기업과 부실기업을 구별하는 기준은 매출수익성이 아니라 자본수익성, 즉 "투자된 돈이 제대로 성과를 내는가?"다. 매출 수익성이 낮더라도 총자본회전율이 올라가면 자본수익성이 개선 되기 때문이다.

● 자본수익성을 결정하는 두 가지 요소(K기업)

항목	당기	전기
① 순이익	120억 원	100억 원
② 매출액	1,500억 원	1,000억 원
③ 총자본	1,000억 원	2,000억 원
④ 총자본회전율(= ② ÷ ③)	1.5회	0.5회
⑤ 매출액순이익률(= ① ÷ ②)	8%	10%
총자본순이익률(= ① ÷ ③) 또는 (= ④ × ⑤)	12%	5%

따라서 매출수익성이 떨어진다면 자본회전율은 높아져야 하고, 반대로 자본회전율이 떨어진다면 매출수익성이 개선되어 서로 보 완해줘야 한다. 즉, 마진이 없으면 그 대신 많이 팔아야 하고, 많이 못 팔면 마진을 많이 남겨야 한다는 뜻이다. 따라서 매출수익성과 자본회전율 모두 지속적으로 상승세를 보이는 기업이라면 투자할 가치가 있는 기업일 것이다. 이와 반대로 매출수익성과 자본회전율 이 모두 하락하는 추세의 기업은 경계해야 한다.

③ 현재의 이익성과와 수익성이 미래 재무안정성을 좌우한다

손익상황을 보면 미래의 재무상태가 보인다

꾸준한 운동이 몸을 만들 듯이 체력이 좋아지면 지방은 줄어들고 근육이 많아져 건강해진다. 나아가 몸의 지방성분이 줄어들면 그로 인해 체력은 더 좋아지면서 근육을 키우는 선순환 구조가 만들어진다.

기업도 마찬가지다. 해마다 이익성과가 양호하게 나오는 기업은 해를 거듭할수록 총자산과 자기자본이 성장할뿐만 아니라 부채가 감소하고 자기자본이 증가하는 등 재무구조도 좋아진다. 이에 따라 부채비율은 낮아지고 차입금도 감소한다. 나아가 차입금이 줄어들면 그로 인해 이자비용이 감소하면서 주주이익은 더욱 극대화되는 선순환구조가 만들어진다. 순이익이 총자산과 자기자본의 성장률에 비례해서 매년 증가한다면 자본수익성도 그대로 유지된다.

하지만 이익성과가 양호하지 못하다면 지속적인 외부차입으로 인해 부채가 증가하면서 자기자본이 위축되는 등 재무상태는 점점 나빠지게 된다. 차입금이 증가하면 이자비용이 늘어나 순이익이 더욱 감소하는 악순환이 반복된다.

투자자에게 더 중요하고 궁금한 것은 투자한 기업의 미래 재무상태인데, 이는 전적으로 현재의 이익성과와 수익성에 달려있다. 즉, 손익계산의 결과로 나온 이익성과와 수익성은 후속적으로 재무상태에 영향을 미치게 된다.

결국 기업의 미래 재무상태는 매년의 이익성과와 수익성에 달려 있으며 투자자는 투자대상기업의 재무상태보다 손익분석에 더 많는 공을 들여야 한다.

● **사업성과와 재무상태의 선순환 구조**

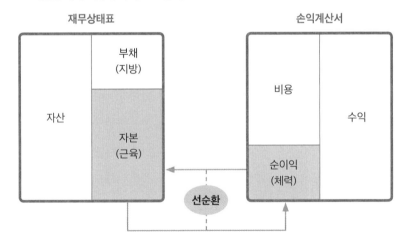

은행이 좋아하는 회사와
주주가 좋아하는 회사는 다르다

이익금을 나눌 때 회사 주인인 주주는 No.3!

영업이익은 주주와 채권은행이 나눠 먹을 공유이익이다. 기업성과는 자본과 노동이 투입된 결과이므로 투자자 뿐만 아니라 근로자에게도 분배돼야 하는데, 노동을 제공한 근로자 몫은 인건비로 지급되어 영업이익 계산과정에서 이미 차감했으므로 영업이익은 모두 투자자의 것이다. 이제 영업이익에서 은행 몫인 이자를 차감하면 세전순이익이 나온다. 은행이 1차 수혜자인 셈이다. 그리고 세전순이익에서 2차 수혜자인 국가에 내야 할 세금(법인세)을 차감하면 마지막으로 당기순이익이 나오는데, 이 당기순이익이 주주 몫에 해당한다.

주주를 기업의 주인이라고는 하지만 이익분배흐름과 순서를 보면 채권은행과 정부에 밀리는 No.3라고 할 수 있다. 주주가치제고란 주가상승을 의미하고 이를 위해서는 주주가 원하는 만큼의 충분한 순이익을 달성해야 하는 데, 주주에게 이익이 전달되기까지의 과정이 매우 험난함을 알 수 있다.

결국 핵심은 충분한 영업이익이다. 영업이익이 훌륭하다면 이자와 세금을 차감하더라도 주주이익을 극대화할 수 있지만, 영업이익이 어설프게 나오는 기업, 특히 차입금이 많은 기업은 전단계에서 채권은행이 가져가는 이익 때문에 주주이익은 터무니없이 줄어들게 된다.

● 영업이익과 순이익의 차이

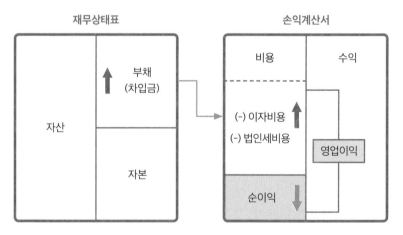

은행은 안전한 회사를 좋아하지만,
주주는 이익을 많이 내는 회사를 좋아한다

　은행은 영업이익의 1차 수혜자이므로 자신이 챙겨갈 영업이익만 나온다면 아무 문제가 없다. 따라서 은행 입장에서는 이자를 낼 수 있을 정도의 영업이익이면 충분하다고 본다. 그 대신 장기적으로는 대출원금을 회수해야 하므로 해마다 원리금을 상환할 정도의 영업이익이 나오면서 이익잉여금이 많고 부채비율이 낮은 기업 즉, 안정성이 높은 기업을 선호한다.

　그러나 주주에게는 이자만을 감당할 정도의 영업이익을 내는 회사라면 불만족스럽다. 주주가 투자한 기업에 대해 느끼는 위험 정도를 주주의 기대수익률(또는 주주자본비용)이라고 하는데, 기업마다 사업내용마다 제각기 다르겠지만 일반적으로 10~15%로 본다. 이는 주주 돈인 자기자본의 10~15%를 매년 순이익으로 제공해야 기업가치가 유지된다는 뜻이다. 만약 자기자본의 20%를 순이익으로 제공한다면 이런 기업은 모든 주주가 원하는 우량기업일 것이고 주가도 상당히 비쌀 것이다.

주가는 거울로 보는 과거 실적이 아니라,
망원경으로 보는 미래 실적이다

흔히 주가를 기업실적(사업성과)의 거울이라고 하는데, 이는 주가가 기업실적에 따라 움직인다는 뜻이다. 실적이 좋으면 주가가 오르고, 실적이 나쁘면 주가가 떨어지는 것은 당연하다. 그러나 일반투자자가 기업실적을 알 수 있는 시점은 매 분기말로부터 45일 후, 분기별 공시가 나오는 때이다. 물론 그 이전에 시장에서는 추정실적이 흘러나온다.

누구나 다 아는 정보는 정보가 아니라는 말이 있듯이 시장에서 알려주는 실적정보는 이미 주가에 반영된 것이어서 별 의미가 없다. 어쩌면 주가는 그 다음 분기 실적예상치를 향해 달려가고 있을지도 모른다.

주식투자가 어려운 것은 불확실한 미래를 내다보고 예상해야 하기 때문이다. 미래를 맞춘다는 것은 신의 영역일 수도 있다. 그렇지만 실적정보에 가장 가까이 있는 사람은 기업이다. 수주상황이나 제품출고상황 등은 수시로 집계되므로 기업은 스스로 매출규모를 짐작할 수 있다. 그래서 실적추정을 하고 리포트를 써야 하는 펀드매니저들은 수시로 기업을 방문한다.

그런데도 막상 실적을 발표할 때는 예상실적을 벗어나는 경우가 흔하다. 그 이유의 대부분은 비용에서 오차가 발생하기 때문이다. 원재료나 매입단가 인상, 품질보증비용 및 하자보수비 급증, 인건비 급증 등 여러 가지 예기치 많은 비용증가요인으로 인해 예상실적과 실제실적이 차이나는 경우가 많다.

추정실적은 참고자료일 뿐이다. 장기투자자에게는 과거 실적은 물론 단기간의 추정실적도 큰 의미가 없다. 장기투자자에게 가장 필요한 것은 투자한 기업에 대한 믿음과 신뢰다. 그런 믿음 없이는 장기투자하면 안 된다.

망원경으로 아주 멀리, 희미하게 보이는 기업실적에 연연하지 않고 투자한 기업의 장기성장성을 믿고 간다면 불과 3개월 단위의 단기실적에 따라 투자심리가 흔들리는 일은 결코 없을 것이다.

CHAPTER

8

현금흐름표로
돈의 순환이
원활한지 본다

1 눈에 보이는 숫자가 전부는 아니다(분식회계)

분식회계란?

　재무제표는 투명성과 신뢰성을 갖추는 것이 가장 중요하다. 담겨진 숫자와 재무정보에 거짓이 있어서는 안 된다는 뜻이다. 하지만 재무제표는 기업이 투자자에게 자신의 재무적 상황을 보여주고, 투사받기 위해 작성하는 것이므로 근본적으로 분식위험을 내포하고 있다.

　기업이 투자자로부터 보다 좋은 조건(낮은 차입금리, 높은 주식발행가 등)으로 투자받기 위해서는 회사의 재무적 상황이 양호하다는 것을 보여줘야만 하는데, 이런 목적 때문에 고의 또는 부정한 방법으로 회사의 이익성과와 순자산가치를 실제보다 부풀리는 것을 **분식회**

계라고 한다.

투자자가 분식된 재무제표에 속아 넘어가 잘못 투자했다가, 만약 회사가 도산이라도 하면 그 피해가 엄청날 수밖에 없다. 따라서 재무제표를 보거나 이용할 때는 늘 이런 분식위험을 경계해야 한다. 물론 이런 이유 때문에 상장기업과 일정규모 이상의 기업은 의무적으로 재무제표에 대해 외부감사를 받게 하고 있지만, 외부감사에도 한계가 있으며 비상장기업의 재무제표는 아예 검증되지 않은 것이라는 점에 유의해야 한다.

💰
어떻게 분식하나?
분식수법은 이미 정해져 있다

재무제표 분석이 가능한 이유는 이익성과를 현금기준이 아닌, 발생기준으로 산출하기 때문이다. 현금이 들어오고 나간 시점을 기준으로 수익과 비용을 계산하면 분식은 불가능하다. 만약 허위로 수익을 잡거나 비용을 숨기면 현금잔액과 일치하지 않아 바로 들통나기 때문이다. 그래서 실제 현금이 들어오고 나가는 일상적인 거래는 분식이 불가능하다.

하지만 회계상 이익성과는 발생주의로 계산하기 때문에 마음만 먹으면 얼마든지 분식이 가능하다. 발생주의에서는 발생만 하면 현금수입이 없어도 수익으로, 현금지출이 없어도 비용으로 들어갈 수 있기 때문에 얼마든지 손익을 조작할 수 있다.

　분식은 한마디로 기업의 순자산을 실제보다 과장하고 부풀리는 것이다. 예를 들면, 순자산이 50억 원인 기업이 100억 원이라고 뻥치는 것이다. 즉, 자산을 부풀리고 부채를 숨기면 되는데, 이렇게 하기 위해서는 비용을 누락하고 수익을 부풀리면 된다. 그 중 가장 흔한 분식방법은 기말재고자산을 실제보다 과대평가하는 것이다. 발생주의 손익계산에서는 기말재고를 제외한 부분만 매출원가로 보기 때문에 재고자산 과대평가는 곧, 매출원가 축소로 이어져 이익 성과가 많아지는 효과가 생긴다.

● **분식회계 수법**

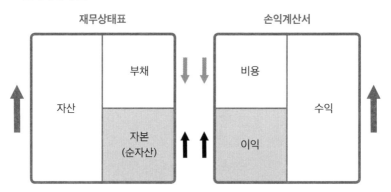

▲ 비용은 곧 자산감소를 의미하므로 비용을 숨기거나 누락하면 자산은 과대표시된다. 또한 허위로 매출을 잡으면 자산과 수익이 모두 과대표시된다. 충당부채를 숨기거나 누락하면 비용과 부채가 과소계상되는데, 이런 모든 것들로 인해 기업의 자본(순자산)이 실제보다 과대표시(분식)되는 결과를 가져온다.

유형자산에 대한 감가상각비를 누락하거나 매출채권 등 각종 채권에 대한 충당금비용을 누락하는 것도 많이 쓰는 방법이다. 이러한 추정비용이 누락된 만큼 해당 자산이 부풀려진다. 금융자산도 공정가치로 평가하는 과정에서 실제 공정가치보다 높게 평가한다면 같은 결과가 만들어진다. 그래서 손익계산에서 자산평가가 매우 중요하다.

자산과 달리 부채는 과소평가하거나 누락하면 순자산이 부풀려지는데, 퇴직급여부채 등 각종 충당부채는 확정된 부채가 아니므로 추산과정에서 얼마든지 줄일 수 있다. 이 또한 비용이 그만큼 누락되면서 이익성과는 더 좋게 표시된다.

그러므로 재무제표를 들여다볼 때는 이런 항목들을 중심으로 분식가능성에 유의해야 하며, 자산평가의 적정성과 장래 회수가능성 및 부채의 누락가능성 등을 면밀히 따져봐야 한다.

회계보고서는 100% 팩트가 아니라는 점에 유의하라!

회계추정에 따라 이익이 고무줄처럼 달라진다

성과평가를 위한 재무제표 작성에는 여러 가지 주관적인 요소가 개입된다. 매출채권에 대한 대손충당금평가와 재고자산평가 등 다양한 자산을 평가하는 과정에서 주관이 개입된다. 금융자산을 공정가치로 평가할 때도 시장에서 거래되는 공정가치는 객관적이지만, 추정공정가치를 사용할 경우에는 해당 기업의 미래 이익을 추정하고 이를 할인하는 과정에서 주관적인 요소가 개입된다. 유형자산 감가상각비도 내용연수를 어떻게 추정하느냐에 따라 연간 감가상각비가 달라진다.

부채 또한 퇴직금부채를 비롯한 각종 충당부채는 추정에 기초한 것이므로 객관성이 떨어질 수밖에 없다. 이런 것들이 발생주의 회계의 맹점이고 이를 악용하는 것이 분식회계다.

이런 문제점을 제거하고 더 투명하게 기업성과를 평가하려면 현금흐름표를 보면 된다. **현금흐름표**Cashlow Statement는 이익성과와는 별도로 1년간 돈의 흐름을 보여주는 재무제표로서 투자자가 기업의 자금흐름을 읽을 수 있는 매우 유용한 보고서다. 현금흐름표에서는 발생주의에 따른 성과계산을 현금기준으로 다시 계산해서 보여주는데, 손익계산서의 매출수익에 포함된 매출채권은 수익으로 보지 않고, 이미 돈이 나갔음에도 불구하고 매출원가라는 비용에서 제외된 재고자산을 비용으로 본다. 이렇게 하면 매출채권과 재고자산을 과장해서 이익을 늘려봐야 소용이 없다. 뿐만 아니라 감가상각비와 각종 충당금비용 등 현금유출이 없었던 비용을 제외함으로써 철저하게 현금기준으로 성과를 계산한다.

이익은 나는데, 돈이 없다!!
도대체 이익은 어디에 숨어있나?

손익계산서의 이익성과는 발생주의로 계산하므로 일단 이익성
과가 발생하면 현금흐름은 시차를 두고 유입되는 것이 정상이다.
예를 들어, 매출이 발생하면 3~4개월 후 매출대금이 입금되고, 충당
부채를 비용에 반영하면 우려했던 사건이 미래에 현실화됐을 때 비
로소 돈이 나가게 된다.

이렇게 손익발생이 현금흐름보다 앞서기 때문에 발생기준은 현
금기준보다 기업성과를 좀 더 빨리 보여줄 수 있다. 따라서 발생기
준 손익계산법에 분식가능성의 문제점이 있음에도 불구하고 모든
나라의 재무제표는 발생기준으로 작성한다.

재무를 잘 모르는 중소기업 대표들이 가끔 이런 질문을 한다. "손
익계산서에는 영업이익이 30억 원으로 잘 나오는데, 왜 우리 회사

는 항상 자금이 부족합니까?" 영업이익이 양호한데도 돈이 없는 것은 번 돈이 회사 안에 숨어있기 때문이다. 즉, 재무상태표의 매출채권과 재고자산에 숨겨져 있는 셈이다.

매출채권은 거래처에서 아직 못 받은 돈이고 재고자산은 팔지 못한 물건인데, 이 두 가지 모두 이익성과에는 포함됐다(재고자산은 못 받아서가 아니라 돈은 지출됐지만 아직 비용(매출원가) 처리가 안돼 그만큼 이익성과가 커진 것이다).

● 영업이익의 행방과 돈이 숨겨진 곳

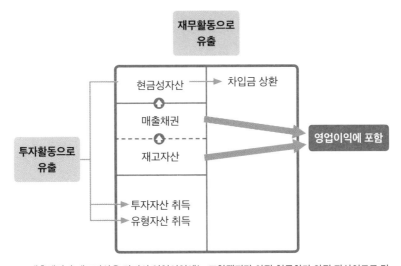

▲ 매출채권과 재고자산은 당기의 영업이익에는 포함됐지만 아직 현금화가 안된 자산이므로 당기의 영업이익에 비해 영업현금흐름은 훨씬 적을 수 있다. 또한 영업활동으로 유입된 현금성자산도 일부를 차입금상환과 투자 및 유형자산취득에 사용하다보면 당기말 현금성자산의 잔액은 현저히 줄어들 수 있다. 이 경우 이익금은 결국 매출채권과 재고자산 그리고 투자한 자산에 숨어있는 셈이다.

재무상태표상으로도 매출채권과 재고자산에 자리하고 있으니 아직 현금화가 안 된 것은 분명하다. 빨리 현금화해서 재무상태표의 윗자리인 현금성자산으로 올려야 한다. 즉, 이익성과에는 잡힌 현금이 매출채권은 거래처에, 재고자산은 매장(창고)에 각각 깔려있는 셈이다.

또한 이익성과에 따라 번 돈의 일부는 투자활동으로 다시 나가게 된다. 기계장비나 금융자산 등에 투자하다보면 돈이 줄어들고, 차입금상환 등 재무활동으로 사용하다보면 현금은 사라지게 된다. 그래서 손익계산서의 이익성과와는 별개로 영업활동으로 얼마나 돈을 벌었으며, 이를 어디에 어떻게 사용했는지 살펴봐야 한다.

기업도 돈줄이 막히면 뇌경색, 터지면 뇌졸중이 온다

흑자도산이 발생하는 이유

도산이란 기업이 재정파탄으로 망하는 것을 말한다. 기업도산의 가장 큰 이유는 이익성과가 나지 않아 자기자본을 다 까먹어서인데, **흑자도산**이란 이와는 달리 이익성과가 플러스(+), 즉 흑자인 기업이 망하는 것이다.

회계적으로는 순이익이 나는 흑자기업인데도 불구하고 부도 등으로 도산하는 것은 현금유동성이 없기 때문인데, 회사의 현금사정은 재무상태표와 손익계산서로는 확인이 불가능하다.

물론 재무상태표에는 보유중인 현금및현금성자산이 나오지만, 이는 현금잔고일 뿐, 그 발생원천을 알 수 없다는 한계가 있다. 다시 말해, 현금사정이 좋지 않을 경우 잠시 차입금을 빌리거나, 자산매각을 통해 얼마든지 현금잔고를 늘릴수가 있기 때문에 현금성자산의 잔액만으로 회사의 영업현금흐름 창출력을 평가하기는 어렵다.

만약 가공의 매출을 계상했거나 비용을 숨기는 방법으로 분식을 했다면 회계상으로는 이익이 많이 나왔더라도 실제 들어오는 현금은 없게 된다. 또한 매출액이 실제 발생한 것이라도 매출채권의 대손으로 회수가 불가능해지면 회계상의 이익성과는 영업현금흐름으로 이어지지 못한다.

이런 상황이 수년간 반복되다보면 현금이 고갈되는데, 회계적으로는 이익성과가 나는 것처럼 보이던 멀쩡한 회사가 갑자기 부도가 나거나 부채상환을 앞두고 지급불능이라는 상황에 내몰리게 된다.

흑자도산은 회계상 이익성과를 통해 기업부실을 예측하는데 한계가 있음을 보여주며 손익계산서의 이익성과도 중요하지만 영업활동으로 인한 현금흐름은 더 중요하다는 사실을 일깨워준다. 왜냐하면 부도나 파산 등으로 기업이 쓰러지는 대부분의 이유는 이익성과가 없어서라기보다는 현금이 없기 때문이다.

대체로 발생주의에 따른 이익은 현금흐름에 앞서서 인식된다. 제품 인도나 용역제공시점에서 발생한 매출을 먼저 인식하면, 그 이후에 매출대금이 들어오면서 현금성자산이 늘어나게 되는데, 이 경우 현금유입에 문제(아예 없는 가짜 매출이었거나, 매출채권의 대손 등)가 생기면 영업현금흐름에 적신호가 켜지게 된다.

따라서 발생주의에 따른 이익성과와는 별개로 반드시 현금흐름을 살펴야만 하는데, 1년 동안 회사의 현금이 어디에서 들어와서, 어디로 나갔는지 한눈에 보여주는 재무제표가 바로 현금흐름표다.

💰

매출보다는 이익이, 이익보다는 현금흐름이 더 중요하다

기업에서 가장 중요한 일은 투자받은 돈을 사업활동에 사용해서 돈을 버는 것이다. 성과의 첫 단계는 매출이다. 사업자본에 걸맞는 충분한 매출을 달성하는 것은 사업유지와 성장에 필요한 1차적인 조건이다.

그러나 아무리 매출이 많아도 남는 게 없다면 아무 소용없는 일이며 2차적으로는 달성한 매출에 대해 충분한 이익성과가 나와야 한다. 매출이 충분함에도 남는 이익이 없다면 이는 비용과다에 문제가 있는 셈이다. 즉, 수익의 대부분이 비용으로 샌다는 뜻이다.

그런데 이익성과보다 더 중요한 것이 영업활동으로 현금흐름을 만들어내는 것이다. 이익성과가 아무리 양호하더라도 현금흐름으로 이어지지 않는다면 기업은 이자와 배당금 등 투자받은 돈에 대한 보상은 물론, 투자금을 돌려주기가 어렵기 때문이다.

이 경우 영업현금흐름의 역할은 손익계산서의 이익성과를 질적으로 평가해주는 것이다. 좋은 이익은 숫자뿐만 아니라 실제로 현금흐름이 들어오는 이익을 말한다. 그러나 손익계산서에 표시된 이익성과 숫자와는 달리, 영업현금흐름이 아예 없거나 적은 경우라면 그 이익은 나쁜 이익이라고 볼 수 있다.

중요한 사실은 이익성과가 영업현금흐름의 기반이라는 점이다. 즉, 이익성과 없이는 절대로 좋은 영업현금흐름을 기대할 수 없다. 그래서 영업이익이 마이너스(-)인 기업은 대부분 영업현금흐름도 마이너스(-)이거나 현저히 적다. 만약 영업이익이 양호한데도 영업현금흐름이 부진하다면 매출채권이나 재고자산 등 영업자산에 돈이 물려 있기 때문이다. 사업핵심자산인 매출채권과 재고자산의 회전이 중요한 이유가 여기에 있다.

따라서 투자자는 재무제표를 통해 해당 기업의 매출, 이익성과 및 영업현금흐름의 차이가 크다면 그 원인이 무엇인지 확인하고 이 세 가지 지표가 매년 어떻게 변화하는지에 주목해야 한다.

● 영업이익보다 영업현금흐름이 더 중요하다

항목	A기업	B기업	C기업
① 매출액	100억 원	50억 원	200억 원
② 영업이익	5억 원	5억 원	40억 원
③ 영업현금흐름	13억 원	(10억 원)	20억 원
영업이익률(= ② ÷ ①)	5%	10%	20%
영업현금흐름 대 매출액비율(= ③ ÷ ①)	13%	-	10%

▲ 영업이익률 기준으로는 C기업의 수익성이 가장 우수하지만, 영업현금흐름 기준으로는 A기업이 가장 우수하다. 이 경우 B기업의 영업현금흐름이 마이너스(-)인 이유와 C기업의 영업현금흐름이 영업이익보다 적은 이유를 확인해야 한다.

회사가 1년 동안 무슨 짓을 했는지 궁금하면 현금흐름표를 봐라!

영업활동으로 인한 현금흐름 : 연도별 추이와 변동원인을 확인하라!

현금흐름표는 크게 영업·투자·재무활동으로 나누어 각 활동별로 한 해 동안 들어오고 나간 돈의 흐름을 표시한다. 현금흐름을 평가할 때는 총현금흐름액의 크기보다 각 활동별 현금흐름이 더 중요한데, 가장 중요한 것은 영업현금흐름의 규모와 지속성(추세)을 살피는 것이다.

영업·투자·재무활동 세 가지 현금흐름 중 손익계산서 이익을 질적으로 평가해주는 것이 영업현금흐름이다. **영업활동으로 인한 현금흐름**은 회사의 영업성과를 발생기준이 아니라 현금기준으로 다시 계산한 것으로서 1년 동안 사업을 통해 회사가 실제로 번 돈을 의미한다.

영업현금흐름이 중요한 이유는 영업현금흐름을 가지고 투자자에 대한 보상을 할 수 있기 때문이다. 채권자에 대한 원리금상환과 주주배당금지급에 필요한 돈이 여기서 만들어진다. 즉, 영업현금흐름이 아무리 적더라도 매년 지급할 이자비용과 주주배당금, 만기도래하는 차입원금을 모두 합친 금액보다는 많아야 한다. 나아가 사업유지에 필요한 투자지출의 일부를 영업현금흐름으로 확보해야 한다. 따라서 영업현금흐름의 규모를 통해 회사가 이자 및 배당금 지급능력과 및 차입금의 상환능력, 투자능력을 가지고 있는지 평가해야 한다.

만약 영업현금흐름(스스로 만들어 낸 내부자금)이 마이너스(-)이거나 너무 적은 경우에는 모자라는 부분을 재무활동에 의한 현금흐름(외부자금)으로 보충할 수도 있다. 그러나 재무활동으로 현금을 조달하는데는 한계가 있다. 더구나 추가로 늘어난 차입금에 대해서는 이자비용이, 유상증자자금에 대해서는 배당금이 늘어나기 때문에 오히려 장래 영업현금흐름을 더욱 위축시키는 결과를 초래할 수도 있다.

원리금상환과 배당금지급에 사용되고 남은 영업현금흐름은 회사가 현재의 사업규모를 유지하고 장기적으로 성장하기 위한 투자에 사용할 수 있다. 따라서 영업현금흐름은 기업의 장기적이고 지속적인 현금흐름창출능력과 기업의 존속가능성을 보여주는 핵심지표다.

일반적으로는 당기순이익에 비해 영업현금흐름이 많은 것이 정상이다. 감가상각비와 충당금비용 등 회계상 비용의 상당금액이 실제 현금유출을 수반하지 않는 비용이다보니 영업현금흐름 계산과정에서 이를 모두 당기순이익에 다시 가산하기 때문이다.

하지만 당기순이익보다 영업현금흐름이 더 적은 경우는 대부분 매출채권이나 재고자산 등에 돈이 잠겨있기 때문이다. 즉, 운전자금의 회전이 원활하지 못한 것이 이유인데, 이런 경우에는 앞으로 해당자산에 묶인 자금이 언제, 얼마나 회수되느냐에 따라 내년 이후 영업현금흐름이 달라진다.

 운전자금(Working Capital)이란?

사업자산은 영업활동을 통해서 현금으로 전환돼야 하는데, 현금으로 전환되지 않은 채 아직도 일하고 있는 돈을 의미한다. 매출채권과 재고자산에 물려 있는 돈은 각각 회수하거나 판매함으로써 현금전환이 가능한데, 아직은 마무리되지 못한 상태다. 운전자금이 많거나 증가한다는 것은 그만큼 돈이 많이 물려있다는 뜻이고, 이에 따라 차입금 등 외부자금수요가 증가하므로 바람직하지 않다.

이런 이유 때문에 한 해의 영업현금흐름만 보고 어떤 결론을 내리는 것은 매우 성급한 일이다. 매출채권과 재고자산의 일시적인 증가에 따라 영업현금흐름이 줄었다면 다음 해에는 반대로 매출채권과 재고자산의 감소에 따라 영업현금흐름이 다시 좋아질 수 있기 때문이다.

즉, 이익성과가 영업현금흐름으로 유입되기까지 시간이 걸리므로 당기의 영업현금흐름이 당기의 이익성과가 아니라 지난 회계연도의 이익성과에 따라 유입될 수 있으며, 당기의 불량한 영업현금흐름도 당기 이후에는 양호한 영업현금흐름이 나타날 수 있다.

예를 들어 금년도(9기) 하반기에 매출이 급성장하여 순이익은 많이 늘었지만 매출채권의 상당부분이 다음연도(10기)에 회수됐다면 금년도의 영업현금흐름은 매출채권 증가에 따라 순이익보다 나쁘게 나타난다. 그렇지만 다음연도(10기)에는 매출채권의 회수에 따라 영업현금흐름이 다시 좋아지게 되는데 이런 경우 10기의 영업현금흐름은 9기의 영업성과에 따른 결과라고 봐야 한다.

그러므로 적어도 3~5년간의 현금흐름표를 보고 중장기적인 영업현금흐름의 추세를 파악하는 것이 중요하며 특정연도의 수치에 매몰되지 않기 위해서는 최근 5년간의 평균영업현금흐름을 보는 것이 바람직하다.

영업현금흐름은 가장 중요한 현금흐름의 원천이다. 자산매각을 통한 투자현금흐름과 신규차입 및 증자 등을 통한 재무현금흐름은 한계가 있으므로 지속적으로 창출하기 어렵다.

그러나 영업현금흐름은 사업을 유지하는 한, 매년 지속적으로 창출가능한 현금흐름이므로 기업의 지속가능성을 평가하는 중요한 잣대가 된다. 그리고 영업현금흐름이 많으면 많을수록 기업가치는 더 높게 평가된다. 상가나 빌딩자산의 가치가 매월 받을 수 있는 임대료의 크기에 따라 매겨지는 것과 마찬가지 원리다. 또한 미래 성장을 위한 투자를 뒷받침하기 위해서는 충분한 영업현금흐름 확보가 필수적이다.

현금흐름표

당기 20**년 01월 01일부터 20**년 12월 31일까지
전기 20**년 01월 01일부터 20**년 12월 31일까지

(단위 : 백만 원)

항목	당기	전기
Ⅰ. 영업활동으로 인한 현금흐름	**106,273**	**404,280**
1. 당기순이익	102,307	122,995
2. 현금유출이 없는 비용 등의 가산	239,000	281,824
3. 현금유입이 없는 수익 등의 차감	(45,587)	(64,625)
4. 영업활동으로 인한 자산부채의 변동	(189,447)	64,086
가.매출채권의 감소(증가)	**(28,621)**	23,272
마.재고자산의 감소(증가)	27,281	(29,668)
사.매입채무의 증가(감소)	**(40,604)**	**36,096**

▲ 전기의 영업현금흐름이 좋았던 이유는 전기에 매입채무지급을 보류해서 매입채무가 증가한 것 때문이며, 당기순이익이 작년과 비슷한데도 당기의 영업현금흐름이 나빠진 것은 매입채무감소(지급)와 매출채권증가 때문이다.

투자활동으로 인한 현금흐름 :
성장전략을 확인하라!

영업활동을 통해 들어온 돈은 이자와 배당금 등 자본비용을 지

급하는 데 사용하고, 남은 자금은 미래를 위해 투자하거나 차입금을 갚는데 사용한다. 여기서 이자지급액과 배당지급액을 영업활동에 표시할 수도 있고 재무활동에 표시할 수도 있다. 또한 이자수취액과 배당수취액도 영업활동 또는 투자활동에 표시할 수 있기 때문에 기업마다 현금흐름표의 모습은 조금씩 차이가 있다.

투자활동으로 인한 현금흐름은 주로 투자자산(금융자산, 종속기업주식, 관계기업주식, 투자부동산 등)및 유·무형자산의 취득에 따른 현금유출과 처분에 따른 현금유입으로 구분된다. 손익계산서에서는 자산처분시 처분에 따른 손익만을 성과로 나타내지만, 현금흐름표에서는 취득금액은 현금유출로, 처분금액은 현금유입으로 각각 표시한다는 점에서 차이가 있다.

정상적인 기업이라면 투자활동으로 인한 현금유출액이 현금유입액보다 더 많아서 순유출, 즉 마이너스(-)가 나와야 한다. 이는 기본적으로는 영업활동으로 번 돈을 사용해서 투자했지만, 일부 모자라는 현금은 기존 자산을 처분해서 마련했다는 뜻이며, 결과적으로는 순투자가 있었음을 의미한다. 사산두사가 곧 미래 싱장을 의미하는 것이며 지금 투자로 나간 돈은 미래에 더 많은 수익으로 돌아오기 때문에 순유출이 바람직하다.

그러나 반대로 투자활동으로 인한 현금유입액이 현금유출액보다 더 많다면, 사실상 순투자가 없었음을 의미한다. 이런 경우는 영업활동으로 돈을 충분히 벌지 못해 신규투자에 필요한 자금을 모두 기존자산의 매각과 처분을 통해 마련했으며 남은 금액을 부족한 영업현금흐름을 보충하는데 사용했음을 의미한다.

심지어 영업현금흐름이 마이너스(-)인 경우에는 투자는커녕 자산매각을 통해 영업에 필요한 운영자금을 마련하는 경우도 있다. 이는 매우 바람직하지 않은 경우로서 장기적으로는 기업활동의 위축을 의미하는 것이며 앞으로 영업활동으로 인한 현금흐름이 더 악화될 수도 있음을 의미한다. 단, 성과가 나지 않는 사업부를 정리한다든지 유휴설비를 매각한 경우라면 별 문제가 없으며 오히려 구조조정의 결과 향후 영업현금흐름이 더 좋아질 수도 있다.

그러므로 투자활동으로 인한 현금흐름에서는 투자대상과 투자목적 등 투자에 따른 현금유입과 유출의 성격을 파악하는 것이 중요하다. 투자활동의 가장 큰 부분을 차지하는 시설투자의 경우 투자로 인한 유입과 유출항목을 비교해서 단순히 기존 시설의 유지를 위한 교체(대체)투자인지, 아니면 새로운 시설투자나 지분투자인지 파악해야 한다. 연간 감가상각비 수준의 투자이거나 재무상태표상 유형자산의 장부가액이 얼마 남지 않은 상태에서 이루어진 투자라면 현 상태를 유지하기 위한 수준의 투자라고 볼 수 있다.

하지만 거액의 시설투자가 이루어진 경우에는 그 투자의 적정성과 장기적인 효과도 예상해야 한다. 이런 투자의 실제성과는 몇 년 후 영업현금흐름이 증가했는지의 여부를 통해 확인할 수 있다.

현금흐름표

(단위 : 백만 원)

항목	당기		전기	
Ⅱ. 투자활동으로 인한 현금흐름		(21,685)		(24,808)
투자활동으로 인한 현금유입액	28,353		294	
관계기업으로부터의 배당금수령	222		261	
종속기업투자주식의 처분	464		-	
유형자산의 처분	8		33	
보증금의 감소	83		-	
사업결합으로 인한 현금유입	27,576		-	
투자활동으로 인한 현금유출액	(50,038)		(25,102)	
단기금융상품의 취득	(9,012)		(12)	
장기금융상품의 취득	(12)		-	
보증금의 증가	(45)		-	
관계기업투자주식의 취득	(27,050)		(24,000)	
종속기업투자주식의 취득	(10,231)		-	
투자부동산의 취득	(158)		(840)	
유형자산의 취득	(1,733)		(250)	
무형자산의 취득	(23)		-	
사업결합으로 인한 현금유출	(1,774)		-	

▲ 투자활동으로 인한 순유출액은 216억 원이며 시설투자(17억 원)보다는 종속기업과 관계기업지분투자금(370억 원)으로 사용됐다. 직접투자보다는 지분투자를 통한 간접투자 방식의 성장전략을 꾀하고 있다.

재무활동으로 인한 현금흐름 :
외부자금의 출처를 확인하라!

재무활동으로 인한 현금흐름은 투자자로부터 조달한 돈으로서 신규차입 및 유상증자로 인한 유입과 차입금상환 및 배당금지급으로 인한 유출로 구성된다. 재무활동으로 인한 현금흐름은 그 성격상 영업현금흐름과 투자현금흐름을 보완해주는 것이다. 다시 말해, 재무활동에 따른 현금흐름의 크기와 방향성은 영업활동과 투자활동에 따른 현금흐름의 크기와 방향성에 따라 결정된다.

영업현금흐름이 투자활동에 필요한 현금을 사용하고도 남을 만큼 충분하다면 재무활동현금흐름은 유출(-)이 된다. 즉, 영업으로 번 돈의 일부를 투자하는데 쓰고도 남았다면 더 이상 외부자금을 조달할 필요가 없으므로 기존의 차입금을 상환하게 된다. 이것이 가장 이상적인 현금흐름패턴이다.

그러나 영업으로 번 돈이 아예 없거나 적어서 투자하는데 쓸 돈을 전액 충당할 수 없다면 새로 외부자금을 조달할 수밖에 없으므로 재무활동현금흐름은 유입(+)이 된다.

재무활동으로 인한 현금흐름도 투자활동 현금흐름과 마찬가지로 유입과 유출이 동시에 발생하는데, 가끔 기존의 차입금이 만기가 됨에 따라 이를 상환하기 위해 새로 차입하는 경우도 있다. 이런 경우에는 신규차입에 따라 현금이 유입됐다가 바로 차입금의 상환을 위해 다시 유출된다. 신규차입금액과 상환금액이 거의 비슷하다면 이런 거래는 큰 의미가 없다.

하지만 당기에 거액의 신규차입이 발생했다면 그 자금의 용도가 무엇인지, 자금조달의 필요성은 있었던 것인지 따져봐야 한다. 일반적으로는 영업현금흐름이 부진하거나 투자지출을 위해 차입금이 조달되는 경우가 많다. 가장 바람직하지 않은 것은 마이너스(-)인 영업현금흐름을 메꾸기 위한 차입과 특수관계인에게 빌려주기 위한 용도로 차입하는 것이다.

시설투자, 신규사업, 자회사에 대한 투자나 대여 목적으로 조달한 것이라면 미래의 투자성과도 예측해볼 필요가 있다. 외부자금을 빌려 투자할 경우 차입금의 자본비용과 투자수익률 중 어느 것이 높은지가 중요한데, 만약 투자수익률이 더 높다면 이는 장기적으로 기업가치를 높이는 요인으로 작용할 것이고 반대의 경우라면 기업가치는 떨어질 것이다.

재무활동으로 인한 현금흐름은 전액 투자자로부터 조달된 외부자금으로서 영업활동이나 투자활동에 의해 조달된 내부자금과는 달리 반드시 자본비용이 발생한다는 특징이 있다. 따라서 내부자금과 외부자금의 균형을 유지하는 것이 무엇보다 중요하다. 외부자금의 비중이 지나치게 높을 경우 재무안정성을 해칠 수 있기 때문이다.

현금흐름표

(단위 : 백만 원)

항목	당기		전기	
II. 재무활동으로 인한 현금흐름		(7,328)		22,094
재무활동으로 인한 현금유입액	80,890		27,559	
단기차입금의 증가	60,241		-	
장기차입금의 증가	19,200		24,000	
임대보증금의 증가	1,449		3,559	
재무활동으로 인한 현금유출액	(88,218)		(5,465)	
임대보증금의 감소	(466)		(1,241)	
배당금의 지급	(1,711)		(1,224)	
리스료의 지급	(420)		-	
단기차입금의 감소	(83,721)		(3,000)	
유동성장기차입금의 감소	(1,900)		-	

▲ 당기 재무활동에 따른 순유출액은 73억 원인데, 대부분 배당금지급(17억 원)과 차입금상환(62억 원*)에 사용됐다.

* (602억 원 + 192억 원) - (837억 원 + 19억 원) = - 62억 원

6 현금흐름패턴으로
기업의 현재 포지션을 판단하라!

신생기업, 성장기업, 성숙기업, 쇠퇴기업의 패턴

기업도 인생처럼 생로병사 과정을 겪는다. 스타트업^{start-up} 단계를 거쳐, 성장기를 지나고 성숙기에 진입해서는 전성기를 누리지만, 새로운 기술과 시장환경에 대응하지 못하면 더 이상 지속하기 힘들다. 결국 쇠퇴기를 맞게 되는데 각 단계별로 현금흐름패턴이 다르게 나타난다. 현금흐름을 혈관건강에 비유했듯이 기업도 각 생애주기별로 현금흐름의 건강성이 다르게 나타난다. 따라서 기업의 현금흐름패턴을 보면 해당 기업이 생애주기에서 현재 어느 단계에 위치하고 있는지 알 수 있다.

사업의 초기단계에서는 영업현금흐름이 나오기 어렵다. 그럼에도 불구하고 사업초기단계에서는 투자활동에 많은 돈이 들어간다. 결국 모든 돈은 외부투자자로부터 조달될 수밖에 없어서 유일하게 재무활동으로만 돈이 들어오는 구조다. 즉, **영업(-)**, **투자(-)**, **재무(+)** 인 현금흐름패턴을 보인다.

사업이 진행되고 자리를 잡으면서 영업이익과 함께 영업현금흐름도 유입된다. 그러나 아직은 성장단계이므로 주주배당 대신 지속적인 투자가 이루어져야 하며 영업현금흐름이 투자지출액에 미달하므로 여전히 재무활동을 통해 자금을 조달해야 한다. 즉, **영업(+)**, **투자(-)**, **재무(+)**인 현금흐름패턴을 보인다.

세월이 지나 어느 정도 시장지배력을 갖게 되면서 본격적인 영업이익과 영업현금흐름이 유입되는 성숙기에 진입하게 되는데, 이때는 강력한 영업현금흐름으로 투자지출액을 충당하고도 돈이 남는다. 따라서 지금까지 차입한 외부자금을 상환할 수 있으며 만족스러운 주주배당도 하게 된다. 즉, **영업(+)**, **투자(-)**, **재무(-)**인 현금흐름패턴을 보이는데, 기업으로서는 생애주기에서 가장 좋은 현금흐름패턴을 보이게 된다.

이런 성숙기의 좋은 시절을 얼마나 오래 지속하느냐가 관건인데, 만약 경쟁사의 신기술·신제품으로 시장지배력을 상실하게 되면 매출과 영업이익은 물론 영업현금흐름도 감소하거나 마이너스(-)로 전환하게 된다. 이런 경우 대부분 기업은 영업현금흐름 부족액을 커버하기 위해 성숙기에 투자했던 비사업자산을 매각하여 충당하고 일부는 차입금상환에 사용한다. 이른바 구조조정을 실시하는 경우로서 현금흐름패턴은 **영업((+) 또는 (-))**, **투자(+)**, **재무(-)**다.

그러나 자산매각을 통한 현금흐름은 한계가 있으므로 이런 패턴을 오랫동안 지속하기는 어렵다. 그래서 마지막 단계에서 흔히 보이는 현금흐름패턴이 **영업(-)**, **투자(-)**, **재무(+)**다. 결국 기존사업의 부진을 만회하기 위해 신규투자에 나서는데, 계속된 영업현금흐름 부진과 기존 현금성자산의 고갈로 인해 대부분을 외부자금에만 의존해서 투자하는 일종의 "빚투"로서 매우 위험한 형태다. 이런 기업에서는 영업현금흐름 유입액이 없이 계속 신규차입이나 회사채 발행, 유상증자 등으로 외부자금만 유입될 뿐이다.

이 경우 투자한 사업이나 자산에서 성과가 나오지 않은 채로 수년간 이런 패턴이 지속되면 해당기업의 외부자금조달액이 엄청나게 증가하면서 부실이 진행된다. 파산이나 회생 또는 자본잠식을 이유로 대부분의 상장폐지된 기업에서 나타나는 현금흐름패턴이므로 이런 패턴이 3년 이상 지속된다면 매우 조심해야 한다.

● 기업유형별 현금흐름패턴

항목	신생 기업	성장 기업	성숙·우량 기업	구조조정 기업	쇠퇴 기업
영업활동 현금흐름	-	+	+	+ 또는 -	-
투자활동 현금흐름	-	-	-	+	-
재무활동 현금흐름	+	+	-	-	+

주식투자를 위한 꿀팁!

이런 일이 있고 나서 상장폐지 당했다!

상장폐지는 주주로서는 절대 겪지 말아야 할 최악의 사건이다. 시장에서 퇴출되는 기업으로 낙인찍혀 주가가 하락하는 것도 문제지만 무엇보다 주식이 휴지조각으로 변해 환금성이 사라지기 때문이다.

상장폐지는 다수의 투자자를 보호하기 위한 시장조치다. 도대체 기업이 어떤 상황이길래 상장을 폐지하는 것일까? 한국거래소의 상장폐지규정에서 정한 상장폐지사유는 다음과 같은데, 대부분은 재무적 부실이 그 원인이다. 또한 재무제표에 하자가 있는 등 기업의 신뢰에 심각한 문제가 있을 때도 상장폐지사유가 된다.

- 완전자본잠식
- 2년 연속 자본금의 50% 이상 잠식된 경우
- 부도, 파산, 은행거래를 정지당한 기업
- 감사의견이 부적정이거나 의견거절인 경우
- 2년연속 감사범위제한으로 한정의견을 받은 경우
- 사업보고서를 제출하지 않는 경우

그런데 상장폐지사유에 해당할 우려가 있는 다음과 같은 기업은 따로 분류해서 투자자에게 미리 대비하고 유의하라는 경고를 하게 되는데, 이를 "관리종목지정"이라고 한다. 관리종목으로 지정되면 일정기간 내에 상장폐지사유를 해소해야 한다. 미리 경고해서 기업 스스로 개선할 기회를 주는 셈인데, 만약 이를 해소하지 못해 상장폐지사유에 해당하면 해당 기업은 즉시 상장폐지된다.

- 자본잠식률 50% 이상인 경우
- 감사범위제한으로 한정의견을 받은 경우
- 반기검토보고서에 검토의견이 부적정이거나 의견거절인 경우

• 사업보고서를 제출하지 않는 경우

상장폐지사유를 보면 새삼 기업의 이익성과가 중요함을 다시 한번 느끼게 된다. 특히 이익성과가 나지 않아 자본금을 까먹는 것을 가장 위험하다고 본다. 또한 재무보고를 투명하게 하지 않는 기업도 퇴출대상이다.

그런데 금융감독원 자료에 따르면 다음과 같은 기업도 상장폐지되는 경우가 많으니 투자할 때 각별히 유의해야 한다.

• 2년 연속 적자기업
• 감사보고서에 기업의 존속능력에 불확실성이 존재한다고 언급한 기업
• 2년 연속 유상증자를 통해 주주자금을 조달한 기업
• 2년간 1회 이상 최대주주가 변경된 기업
• 정관에 사업성이 불확실한 신규사업목적을 계속 추가하는 기업
• 불공정거래혐의로 조사받는 기업
• 대주주나 대표가 횡령이나 배임에 연루된 기업